Angļu valoda pasakās un uzdevumos

UZDEVUMI • SPĒLES • VĀRDNĪCIŅA

Angļu valoda pasakās un uzdevumos

UZDEVUMI • SPĒLES • VĀRDNĪCIŅA

398.21:811.111
An 458

BAŚNIE DO NAUKI ANGIELSKIEGO
Zadanie. Ćwiczenia. Słowniczek.

Polish text – Anna Sójka-Leszczyńska (The Snow Queen, The Little Mermaid, Hansel and Gretel),
Danuta Wróbel (Thumbelina, The Ugly Duckling)
English text and glossary – Mariusz Zakrzewski (Thumbelina, The Ugly Duckling),
Anita Pisarek (The Snow Queen, The Little Mermaid, Hansel and Gretel)
Illustrations – Dorota Fic, Andrzej Hamera, Dominik Samol
© Publicat S. A., Poland
All rights reserved
© Latvian edition, 2008 by Slovart Print, s. r. o. Bratislava for Zvaigzne ABC Publisher

Translation copyright © 2008
Tulkojušas *Kristīne Baiža* un *Bārbala Simsone*

ANGĻU VALODA PASAKĀS UN UZDEVUMOS

Redaktore *Sintija Buhanovska*

Apgāds Zvaigzne ABC, SIA,
K. Valdemāra ielā 6, Rīgā, LV-1010.
Red. nr. V-603

© Tulkojums latviešu valodā, Apgāds Zvaigzne ABC
ISBN 978-9934-0-0153-6

Krakš, krakš! Olu čaumalas plīsa cita pēc citas. Pīļu māte priecīgi lūkojās uz mazuļiem, dzelteniem kā gundegas.

Vēl bija atlikusi viena ola – pati lielākā.

"Labāk liec to mierā, jo no tās nekas labs neizšķilsies," garām ejoša zoss viņu brīdināja.

Crack, crack! The eggshells were breaking one by one. Mother duck was looking merrily on her hatching nestlings, as yellow as cowslips.

Still there was one egg left, the biggest one.

'You better leave it alone, for nothing good will hatch from it,' a passing goose warned her.

Tomēr pīle bija stūrgalvīga un apsēdās ligzdā. Visbeidzot pēdējais putnēns izšķīlās. Tas bija dīvaini liels un pelēks.

"Ak, cik gan viņš ir neglīts!" pīlēni sarauca pieres, ieraugot savu brāli.

"Vai es tev neteicu?" zoss atkal nošņācās. Kad nabaga mazulis to dzirdēja, viņš izplūda asarās. Visi putnēnu ķircināja un saukāja par "neglīto pīlēnu".

The duck was stubborn though, so she just seated herself on the nest. Finally the last nestling hatched from the egg. It was strangely big and grey.

'Oh, how ugly he is!' the ducklings frowned, on-seeing their brother. 'Didn't I tell you!' the goose hissed again. When the poor kid heard this, he burst into tears. Everyone around was teasing him and calling him the 'ugly duckling'.

Un tad kādu dienu viņš to vairs nevarēja paciest un devās pasaulē. Pīlēns gāja un gāja, līdz visbeidzot nonāca pie fermas. Tomēr draugus pīlēns tur neatrada.

And then, one day, he couldn't stand it any longer and went out into the world. He was walking and walking. At last he came to a farmstead. He did not find friends there, though.

Kļuva aukstāks. Kādu dienu viņš dīķī redzēja milzīgus baltus putnus peldam netālu no krasta. Tie bija gulbji.

"Ak, cik žēl, ka es neesmu tāds kā viņi!" pīlēns nopūtās, redzēdams, kā gulbji, saplivinot spārnus, pacēlās debesīs. "Es pagaidīšu, varbūt viņi atgriezīsies..."

The days grew colder. One day he saw huge white birds swimming on the pond, not far from the shore. They were swans.

'Oh, what a pity that I'm not like them!' he sighed, seeing how they flew into the sky with flutter of wings. 'I'll wait, maybe they'll come back…'

Drīz kļuva ļoti auksts. Nosalušo un izsalkušo pīlēnu atrada bērni, kuri viņu pieņēma pie sevis.

Kad pīlēnu ieraudzīja ruds kaķis, kurš mita šajā mājā, tas nolēma viņu nomedīt. Nabaga putnam atkal bija jābēg.

Soon it became quite cold. The cold and hungry duckling was found by the children, who took him with them. When a red cat living at home saw the duckling, he decided to hunt him. The poor bird had to flee again.

Beidzot pienāca pavasaris un zāle kļuva zaļa. Gulbji atgriezās dīķī. Pīlēns gribēja tos aplūkot tuvumā. "Cik tu esi skaists! Nāc pie mums!" gulbji sauca, viņu pamanījuši. Putns nokaunējies nolieca galvu. Cik liels gan bija pīlēna pārsteigums, kad viņš ieraudzīja savu atspulgu ūdenī. Arī viņš bija liels, sniegbalts gulbis! Fermas pagalma iemītnieki varēja viņu vien apskaust.

At last spring came and the grass turned green. The swans returned to the pond. The duckling wanted to take a close look at them.

'How beautiful you are! Come to us!' they called at the sight of him.

Ashamed, the bird lowered his head. How surprised though he was, when he saw his own reflection in the water. He was a great snow-white swan, too! Inhabitants of the farmyard could only envy him.

Kas no attēlā redzamā nav minēts pasakā?

Atrodi rāmītī vārdus angļu valodā!

T	K	U	O	R	S	T
E	L	G	T	S	P	B
G	D	L	B	W	R	U
G	U	Y	I	A	I	F
B	C	N	R	N	N	A
W	K	G	D	U	G	R
R	Y	T	M	I	T	M

DAYS OF THE WEEK

NEDĒĻAS DIENAS

MONDAY
pirmdiena

TUESDAY
otrdiena

WEDNESDAY
trešdiena

THURSDAY
ceturtdiena

FRIDAY
piektdiena

SATURDAY
sestdiena

SUNDAY
svētdiena

Palīdzi katram pīlēnam atrast savu balonu!

TIME
PULKSTEŅA LAIKS

a.m. = before midday
24:00–12:00

Day
diena

Morning
rīts

p.m. = after midday
12:00–24:00

Evening
vakars

Night
nakts

WHAT'S THE TIME?
CIK PULKSTENIS?

Morning
rīts/ priekšpusdiena

1:00 one o'clock/a.m.

6:00 six o'clock/a.m.

8:00 eight o'clock/a.m.

10:00 ten o'clock/a.m.

Afternoon
pēcpusdiena

13:00 one o'clock/p.m.

18:00 six o'clock/p.m.

20:00 eight o'clock/p.m.

10:00 ten o'clock/p.m.

Pasaki, cik pulkstenis!

a.m.

p.m.

p.m.

a.m.

a.m.

p.m.

p.m.

a.m.

Good morning!  Labrīt!

9:00 nine o'clock/a.m.

Good afternoon!  Labdien!

13:00 one o'clock/p.m.

Good evening! 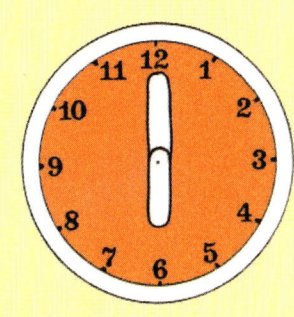 Labvakar!

18:00 six o'clock/p.m.

Good night!  Arlabunakti!

20:00 eight o'clock/p.m.

Good bye!
Uz redzēšanos!

Bye!
Atā!

Cikos lācītis pamostas?

Cikos lācītis dodas pastaigāties?

Sakārto vilciena vagoniņus un izveido vārdus!

bye | Good!

Th | day | urs

llo | He

ning | Mor

day | Fri

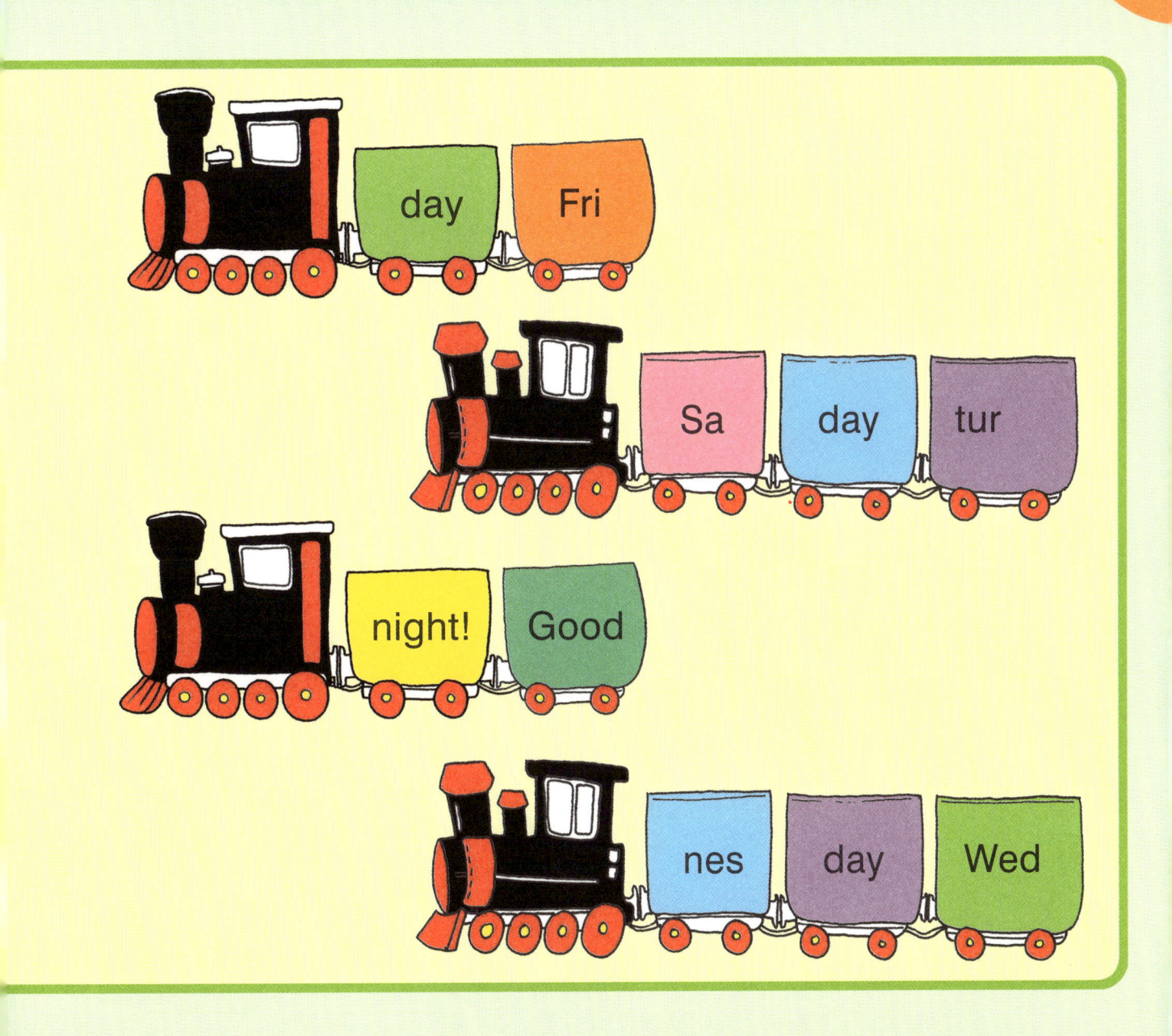

Sa | day | tur

night! | Good

nes | day | Wed

Ieraksti trūkstošos burtus!

M_ _day

Tu_ _ _ay

W_ _nes_ _y

Th_r_day

Fri_ _ _

S_t_rd_y

S_ _day

H_ _ _o

M_ _nin_

N_g_t

Uzzīmē pulksteņa rādītājus!

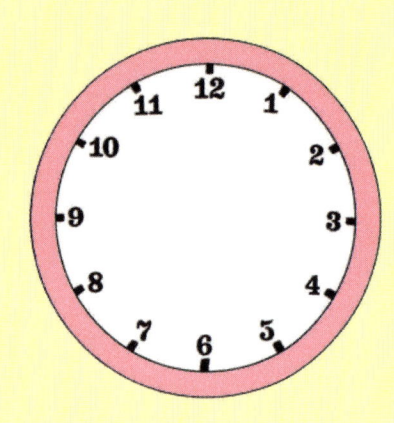

1:00 one o'clock

5:00 five o'clock

7:00 seven o'clock

11:00 eleven o'clock

Lasi pasaku, attēlu vietā ievietojot atbilstošos vārdus!

Crack, crack! The eggshells were breaking one by one. Mother ____ was looking merrily on her hatching nestlings, as ____ as cowslips. Still there was one egg left, the biggest one. 'You better leave it alone, for nothing good will hatch from it,' a passing goose warned her. The duck was stubborn though, so she just seated herself on the nest. Finally the last nestling hatched from the ____ . It was strangely big and grey.

'Oh, how ugly he is!' the [ducklings] frowned, on-seeing their brother. 'Didn't I tell you!' the goose hissed again. When the poor kid heard this, he burst into [tears]. Everyone around was teasing him and calling him the 'ugly duckling'. And then, one day, he couldn't stand it any longer and went out into the world. He was walking and walking. At last he came to a [house]. He did not find friends there, though.

The days grew colder. One day he saw huge white birds swimming on the ⬚ , not far from the shore.

They were swans. 'Oh, what a pity that I'm not like them!' he sighed, seeing how they flew into the sky with flutter of ⬚ . 'I'll wait, maybe they'll come back…'

Soon it became quite cold. The cold and hungry duckling was found by the children, who took him with them. When a red ⬚ living at home saw the duckling, he decided to hunt him. The poor bird had to flee again.

At last spring came and the grass turned ⬤ . The swans returned to the pond. The duckling wanted to take a close look at them. 'How beautiful you are! Come to us!' they called at the sight of him. Ashamed, the 🦢 lowered his head. How surprised though he was, when he saw his own reflection in the water. He was a great snow-white 🦢 , too! Inhabitants of the farmyard could only envy him.

VĀRDNĪCIŅA

again – atkal
ashamed – nokaunējies

beautiful – skaists
big – liels
bird – putns
brother – brālis

cat – kaķis
children – bērni
close – tuvu
cold – auksts
cowslip – gundega

duck – pīle
duckling – pīlēns

egg – ola
envy – apskaust

farmstead – ferma
farmyard – fermas pagalms
find – atrast

flutter – plivināt
fly – lidot
friend – draugs
frown – saraukt pieri

goose – zoss
grass – zāle
great – liels
green – zaļš
grey – pelēks

hatch – izšķilties
head – galva
hiss – šņākt
home – mājas
huge – milzīgs
hungry – izsalcis
hunt – medīt

image – atspulgs
inhabitants – iemītnieki

kid – mazulis

maybe – varbūt
merrily – priecīgi

nest – ligzda
nestling – putnēns

pond – dīķis
poor – nabaga; nabadzīgs

quite – diezgan

red – sarkans, ruds

see – redzēt
shore – krasts
sigh – nopūsties
sight – skats
sky – debesis
snow-white – sniegbalts
spring – pavasaris
stand – stāvēt
stubborn – stūrgalvīgs

surprise – pārsteigums
swan – gulbis

tear – asara
tease – ķircināt

ugly – neglīts

wait – gaidīt
walk – iet
warn – brīdināt
water – ūdens
white – balts
wing – spārns
world – pasaule

yellow – dzeltens

Īkstīte
Thumbelina

Reiz dzīvoja skaista, maza meitenīte. Viņa nebija lielāka par īkšķīti, tāpēc meitenei tika dots vārds Īkstīte. Naktīs viņa gulēja gultā, kas bija darināta no valrieksta čaumalas un izklāta ar mīkstām dūnām, un sedzās ar lapām.

Kādu dienu guļošo meiteni pamanīja liela krupiene un nosprieda ka viņas dēlam tā būtu skaista sieva. Krupiene nolēma meiteni nolaupīt. Kad Īkstīte pamodās, viņa ļoti nobijās.

"Māt, viņa ir tik neglīta!" krupis nepatikā nokurkstēja un paslēpās niedrēs. Māte aizlēca viņam pakaļ.

There lived once a beautiful small girl. She was scarcely half as long as a thumb so they gave her the name of 'Thumbelina'. She slept at night in a bed made of walnut-shell padded with soft down and she covered herself with leaves. One day a large toad saw the sleeping girl and thought that she would make a pretty wife for her son. So she decided to kidnap the girl. When Thumbelina woke up, she got very scared.

'Mother, she's so ugly!' the toad croaked reluctantly and hid himself in the rushes. His mother jumped in after him.

Kad Īkstīte atkal bija viena, meitenes acis pieplūda sīciņām asarām. Piepeši viņai blakus parādījās skaists, krāsains taurenis.

"Palīdzi man!" meitene sauca. "Es nezinu, kā lai nokļūstu mājās!"

Taurenis pasmaidīja, apsēja jostu sev ap vidukli un pieteica meitenei turēties pie viņa. Drīz vien taurenis vilka uz krastu lapu, uz kuras sēdēja Īkstīte.

When Thumbelina was alone again, her eyes filled with tiny tears. Suddenly a beautiful, colourful butterfly appeared next to her.

'Help me,' the girl cried. 'I don't know how to come back home!'

The butterfly smiled, then he tied a belt round his waist and told the girl to hold on to him. Soon he was carrying the leaf, with Thumbelina sitting on it, towards the shore.

Piepeši parādījās liela maijvabole. Tā sagrāba meiteni un kopā ar to aizlidoja uz koku. "Bzzz, bzzz," pārējie kukaiņi riebumā dūca. "Viņa tev nav piemērota sieva. Viņai nav spārnu un ir par maz kāju!" Maijvabole meiteni atstāja pļavā un aizlidoja.

Nu Īkstīte dzīvoja viena pati. Viņa dzēra nektāru un rasas lāses un gulēja zem diždadža lapas.

Suddenly a big cock-chafer appeared. He grabbed the girl and flew with her to a tree. 'Buzz, buzz,' the other insects were buzzing with disgust. 'She is not a suitable wife for you. She has not enough wings nor legs!'

The cock-chafer placed the girl in a meadow and flew away. Thumbelina lived a lonely life now. She was drinking nectar and dew-drops and she was sleeping under a burdock leaf.

Drīz pienāca barga ziema. Meklējot patvērumu, meitene atrada peļu alu, un saimniece viņai deva pajumti. Kādu dienu Īkstīti un peli apciemoja kurmis, melns kā nakts. Viņš visu vakaru stāstīja garlaicīgus un drūmus stāstus. Visbeidzot kurmis kaimiņienes ielūdza ciemos savās mājās. Nākamajā dienā, tumsā dodoties pa garu eju, kas veda uz kurmja mājām, viņas tajā atrada beigtu bezdelīgu.

Soon a severe winter came. Searching for shelter, the girl came up against a mouse-hole. The landlady took her in. One day a mole, as black as the night, paid Thumbelina and the mouse a visit. For the whole evening he was telling boring and gloomy stories. Finally, the mole invited his neighbours to his place. And the next day, when they were walking in the darkness through a long passage leading to the mole's home, they found a dead swallow.

Redzētais Īkstītei atgādināja par laimīgo, saulaino vasaru. Kad meitene atgriezās peles midzenī, viņa nevarēja aizmigt. Īkstīte klusi izzagās ārā un devās palūkoties uz putnu. Pieglauzdamās putnam, viņa izplūda asarās. Piepeši meitene izdzirdēja putna sirdspukstus! Bezdelīga patiesībā nebija mirusi, vien sastingusi no aukstuma. Īkstīte ietina putnu no zāles darinātā segā un pabaroja to. Kopš tā brīža viņa katru dienu slepeni devās uz alu, lai rūpētos par savu draugu.

This sight reminded Thumbelina of the happy, sunny summer. When she came back to the mouse-hole, she could not sleep. She slipped out quietly and went to look at the bird. Snuggling up to the bird, she burst into tears. Suddenly she heard the bird's heartbeat! The swallow was not really dead, he was only benumbed with the cold. Thumbelina wrapped the bird in a quilt made of grass and fed him. From now on, every day she was secretly coming here to take care of her friend.

Kad pienāca pavasaris, bezdelīga atguva spēkus.

"Lido kopā ar mani, Īkstīt," putns sacīja, gatavodamies doties tālāk. "Tu atgriezīsies pļavā un atkal rotaļāsies ar taureņiem."

"Es to ļoti labprāt darītu, bet nespēju pamest savu aprūpētāju. Viņa pret mani ir bijusi tik laipna!"

Bezdelīga savicināja spārnus un aizlidoja. Drīz vien pele meitenei pateica, ka kurmis lūdzis viņas roku. To padzirdējusi, Īkstīte izskrēja no mājas. Viņa negribēja kļūt par garlaicīga kurmja sievu un atlikušo dzīvi pavadīt pazemē bez saules un puķēm!

When spring came the swallow regained his strength. 'Fly with me, Thumbelina,' the swallow said, getting ready to fly. 'You'll come back to the meadow, you'll play with butterflies again.'

'I'd love to but I can't leave my caretaker. She's been so kind to me!'

The swallow fluttered his wings and flew away. Soon the mouse told the girl that the mole had asked for her hand. Hearing this Thumbelina ran out of the house. She did not want to become a wife of such a boring mole and to spend the rest of her life under the ground, without sun and flowers!

Pēkšņi viņa izdzirdēja pazīstamu balsi:
"Lido kopā ar mani! Lido ar mani pāri jūrai!"
Šoreiz meitene peles draudus neņēma vērā. Viņa uzlēca bezdelīgai mugurā, un viņas aizlidoja uz siltām zemēm. Tur Īkstīte kļuva par visskaistākā elfa sievu un dzīvoja laimīgi līdz mūža galam.

Suddenly she heard a familiar voice: 'Fly with me! Fly with me over the sea!' This time the girl ignored the mouse's threats. She jumped on the back of the swallow and they flew away to warm countries. There, Thumbelina became the wife of the most beautiful of elves and lived happily ever after.

Atrodi 13 atšķirības starp abiem taureņa attēliem!

63

PARTS OF THE BODY

ĶERMEŅA DAĻAS

EYE
acs

HEAD
galva

NOSE
deguns

MOUTH
mute

ARM
roka

FINGER
pirksts

HAND
plauksta

LEG
kāja

- head
- eye
- nose
- mouth
- arm
- finger
- hand
- leg

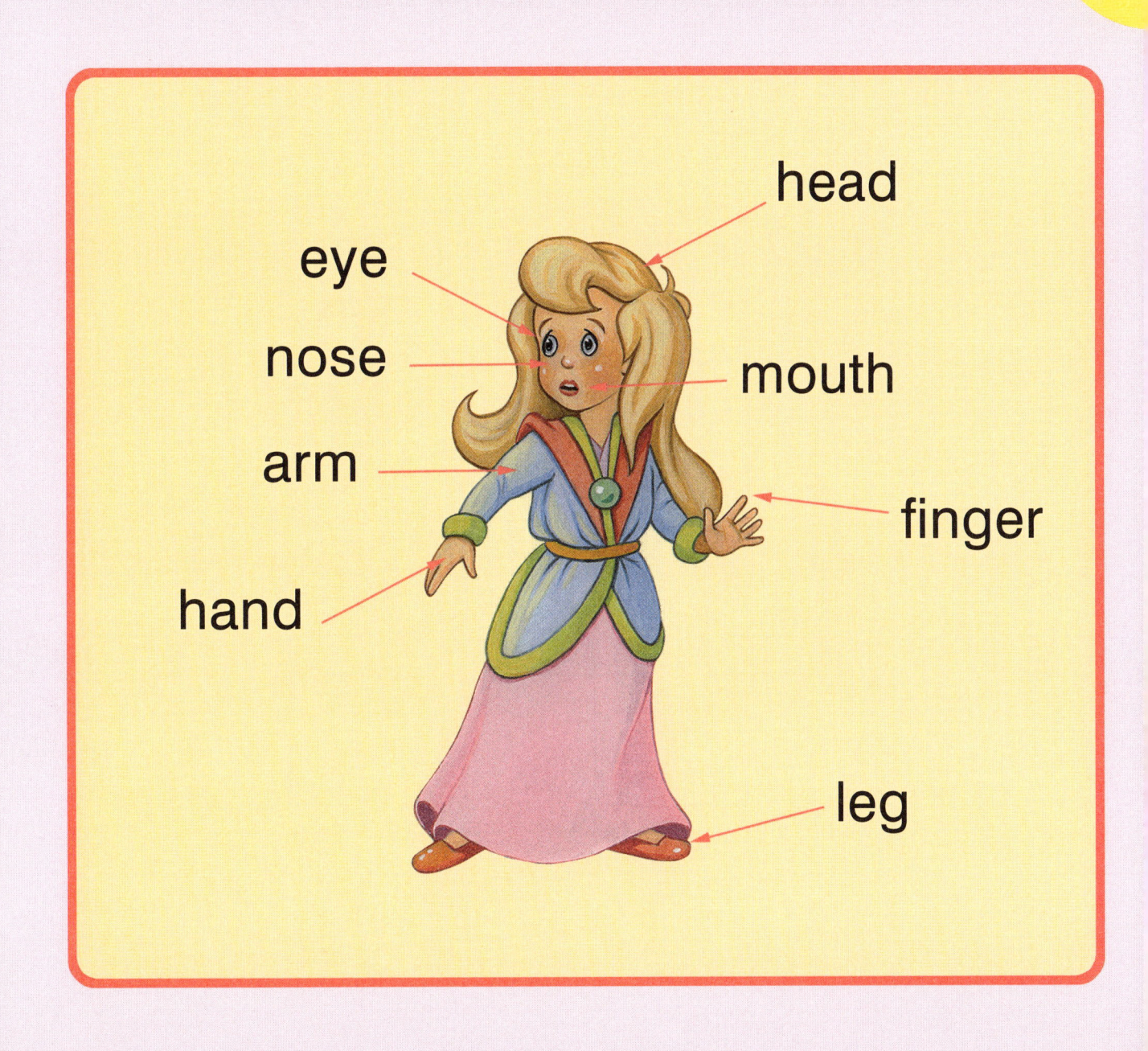

Kuri attēli jāievieto trīs tukšajos kvadrātiņos?

Atšifrē ķermeņa daļu nosaukumus, kas noslēpušies gliemeža mājā!

CLOTHES

APĢĒRBS

hat
cepure

coat
mētelis

shirt
krekls

dress
kleita

belt
josta

glove
cimds

trousers
bikses

skirt
svārki

Aplūko abus puķu pušķus! Atrodi 7 atšķirības!

Atrodi četrlapu āboliņu!

Ieraksti trūkstošos burtus!

n_s_   _in_er   _r_

e_e   h_a_

mo_ _th

ha_ _   _e_

Atrodi rāmītī vārdus angļu valodā!

N	F	A	W	H	T	J
O	I	B	I	E	I	A
L	N	E	C	A	O	C
E	G	L	O	D	N	K
G	E	T	A	H	O	E
B	R	F	T	I	S	T
T	Y	O	L	L	E	G

Atrisini krustvārdu mīklu!

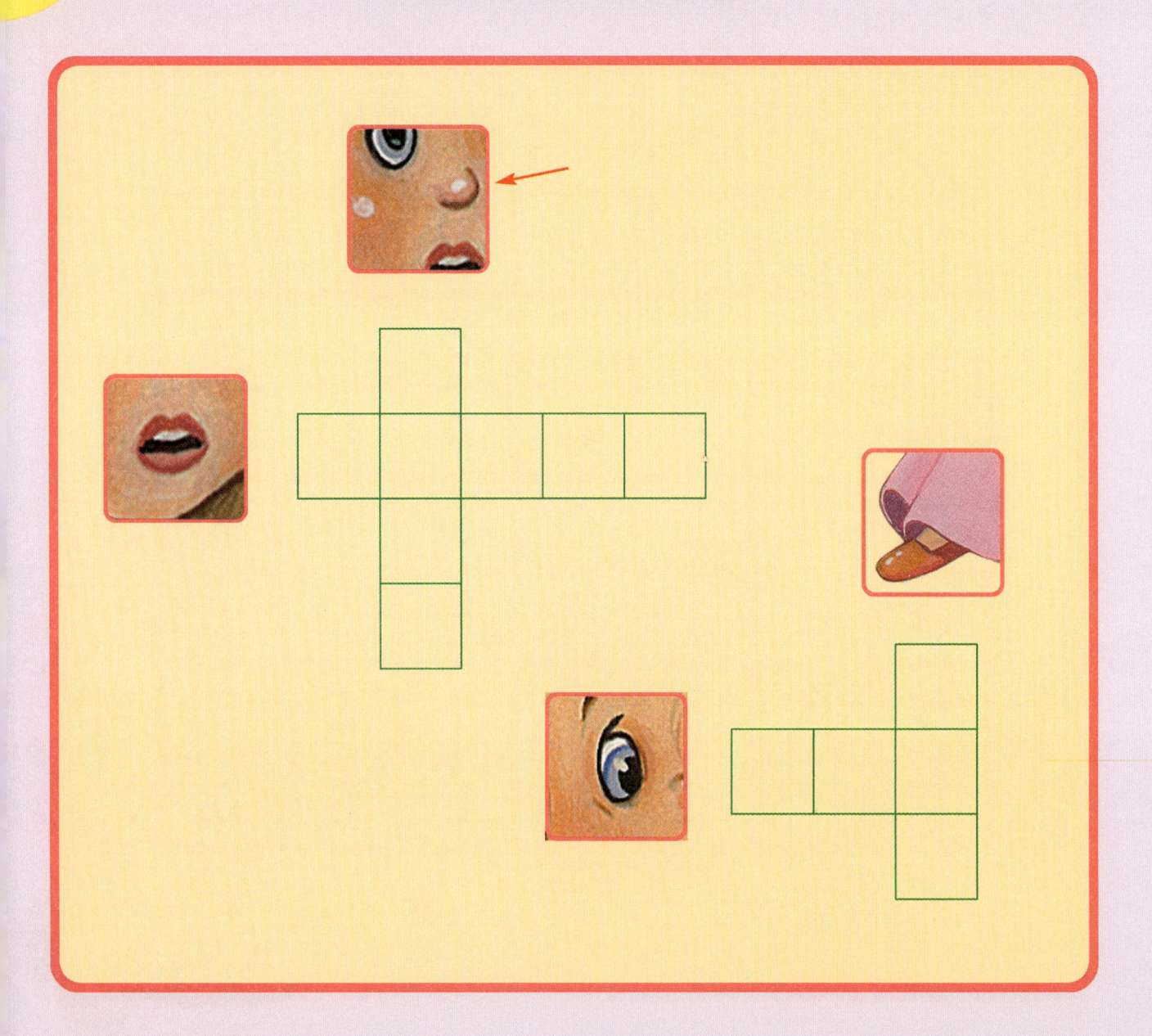

Nosauc ķermeņa daļas!

75

Cik tauriņu noslēpušies pļavā?

Kuru puķu pušķi dabūja māmiņa?

78

Kādu vārdu veido burti uz mārītes spārniem?

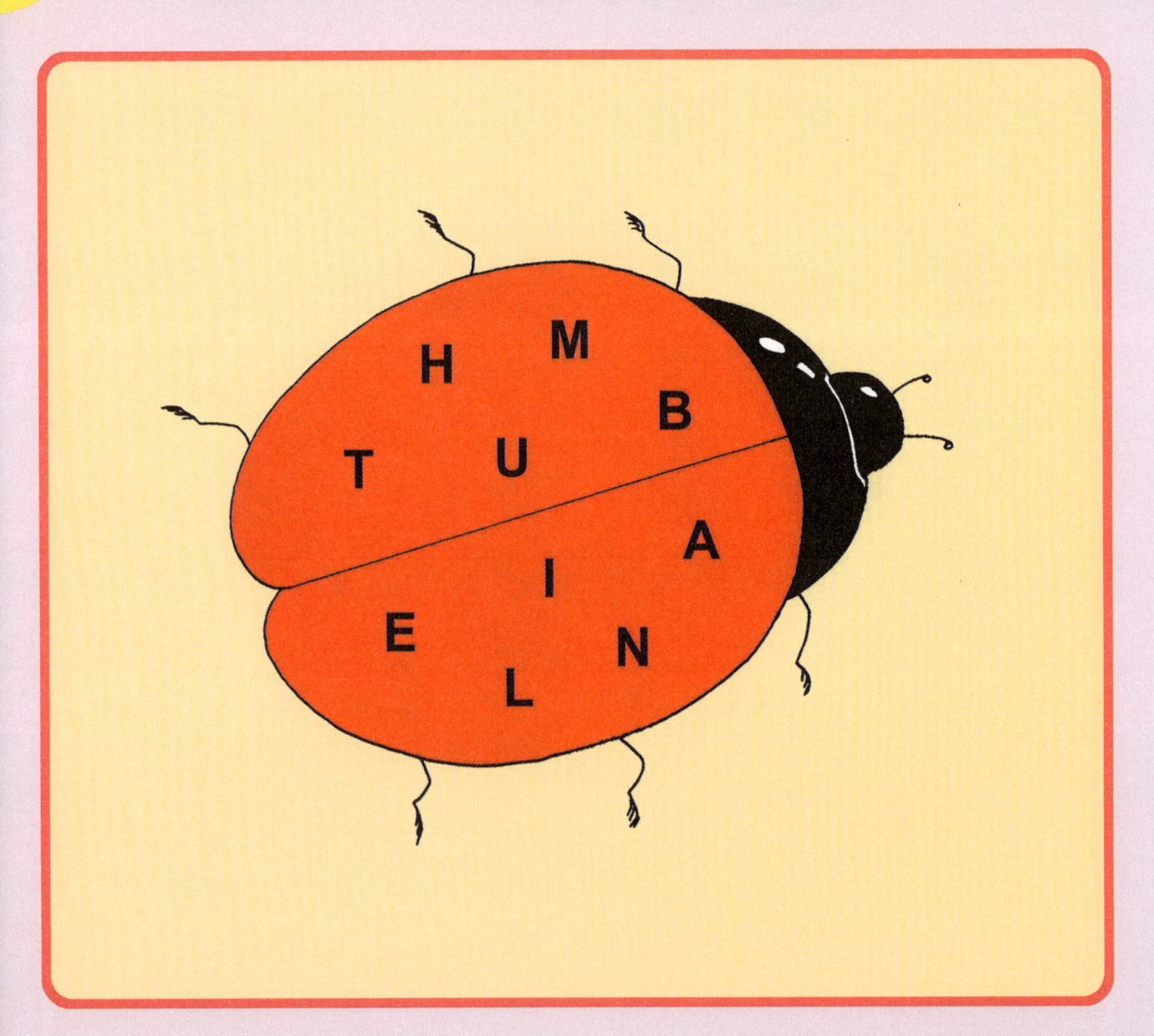

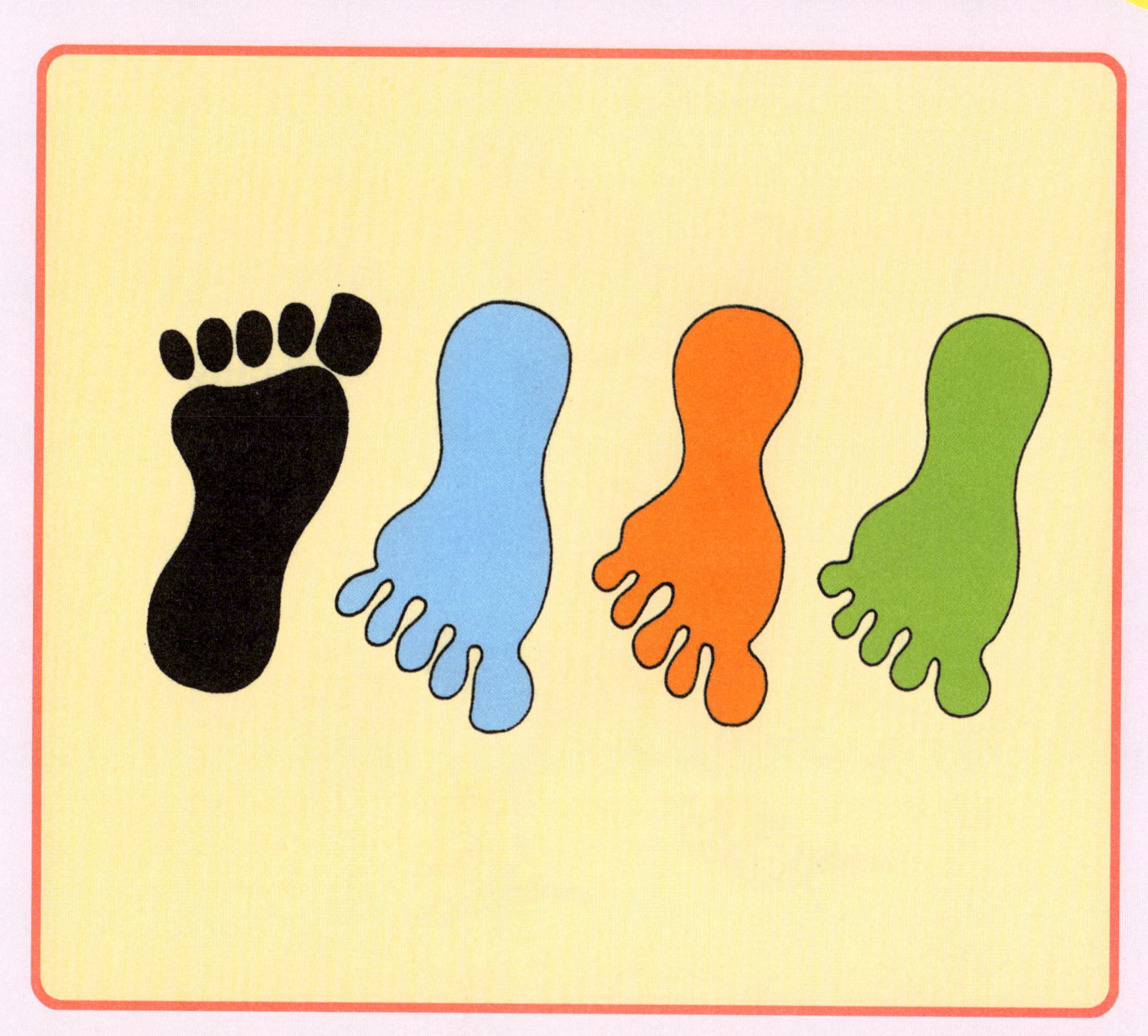

Kurš krāsainās pēdas nospiedums atbilst melnajai pēdai?

79

Kuri apģērba gabali neiederas meitenes apģērbā?

Lasi pasaku, attēlu vietā ievietojot atbilstošos vārdus!

There lived once a beautiful small _____. She was scarcely half as long as a thumb so they gave her the name of 'Thumbelina'. She slept at night in a bed made of walnut-shell padded with soft down and she covered herself with leaves. One day a large _____ saw the sleeping girl and thought that she would make a pretty wife for her son. So she decided to kidnap the girl. But he said: 'Mother, she's so ugly!' and hid himself in the rushes. His mother jumped in after him.

When Thumbelina was alone again, her eyes filled with tiny tears. Suddenly a beautiful, colourful appeared next to her. The butterfly smiled, then he tied a belt round his waist and told the girl to hold on to him. Soon he was carrying the , with Thumbelina sitting on it, towards the shore.

Suddenly a big appeared. He grabbed the girl and flew with her to a tree.

'Buzz, buzz' the other insects were buzzing with disgust.

'She is not a suitable wife for you. She has not enough 🪶 nor legs!'

The cock-chafer placed the girl in a meadow and flew away.

Thumbelina lived a lonely life now. She was drinking nectar and dew-drops and she was sleeping under a burdock leaf. Soon a severe ❄ came. Searching for shelter, the girl came up against a mouse-hole. The landlady took her in. One day a 🐭 , as black as the night, paid Thumbelina and the mouse a visit.

The mole invited his neighbours to his place. And the next day, when they were walking through a long passage leading to the mole's home, they found a dead swallow. This sight reminded Thumbelina of the happy, summer. When she came back to the mouse-hole, she could not sleep. She slipped out quietly and went to look at the . Suddenly she heard the bird's heartbeat! The swallow was not really dead, he was only benumbed with the cold.

Thumbelina wrapped the bird in a quilt made of and fed him. When spring came the swallow regained his strength.

The swallow fluttered his wings and flew away. Soon the mouse told the girl that the mole had asked for her hand. Hearing this Thumbelina ran out of the house. She did not want to become a wife of such a boring mole and to spend the rest of her life under the ground, without sun and !

Suddenly she heard a familiar voice:

'Fly with me! Fly with me over the sea!'

This time the girl ignored the threats.

She jumped on the back of the swallow and they flew away to warm countries.

There Thumbelina became the wife of the most beautiful of the elves and lived happily ever after.

VĀRDNĪCIŅA

arm – roka
ask – lūgt

beautiful – skaists
bed – gulta
belt – josta
big – liels
bird – putns
butterfly – taurenis

candle – svece
caretaker – aprūpētājs
carry – nest
coat – mētelis
cock-chafer – maijvabole
cold – auksts
cry – raudāt

dark – tumšs
dress – kleita

ear – auss
eye – acs

fear – bailes
finger – pirksts
flower – puķe
fly – lidot
forest – mežs
frog – varde

girl – meitene
gloomy – drūms
glove – cimds
grass – zāle
ground – zeme

hair – mati
hand – plauksta
happy – laimīgs
hat – cepure
head – galva
help – palīdzēt
high – augsts
hold – turēt
hole – ala
hug – apskaut

kidnap – nolaupīt

leaf – lapa
leg – kāja
long – garš
look – skatīties
low – zems

meadow – pļava
mole – kurmis
mouse – pele
mouth – mute

near – blakus; tuvu
nose – deguns

petal – pumpurs
piece – gabals
present – dāvana

rope – virve
run away – aizbēgt

shell – gliemežvāks
shine – mirdzēt
shoe – kurpe
skirt – svārki
sky – debesis
sleep – gulēt
small – mazs
smile – smaidīt
swallow – bezdelīga

take care – rūpēties
talk – runāt
tree – koks
trousers – bikses
trunk – celms

visit – apciemot

wait – gaidīt
warm – silts
wing – spārns
worm – tārps

Ansītis un Grietiņa

Hansel and Gretel

Tālu, tālu mazā meža mājiņā dzīvoja brālītis un māsiņa – Ansītis un Grietiņa. Apkārtnē valdīja izsalkums un nabadzība. Par spīti tam, bērni bija laimīgi un ar prieku palīdzēja saviem vecākiem. Bērni bieži devās uz mežu līdzi savam tēvam, kurš bija mežcirtējs, un mājās viņi atgriezās ar grozu, pilnu ar ogām vai sēnēm.

Far, far away in a little house in a forest lived a brother and a sister – Hansel and Gretel. There was hunger and poverty in the neighbourhood. In spite of that the children were happy and helped their parents with joy. They often went with their father who was a woodcutter to the forest and they would come back with a basket full of berries or mushrooms.

Kādu dienu, dodoties mājup, viņi apmaldījās. Kļuva tumšs, un sāka pūst stiprs vējš. Tālumā varēja dzirdēt vilkus kaucam. Bērni apskāvās un gaidīja rītausmu. No rīta bērni izcirtuma malā pamanīja nelielu mājiņu. Pienākuši tuvāk, viņi redzēja, ka tā bija celta no medus kūkas.

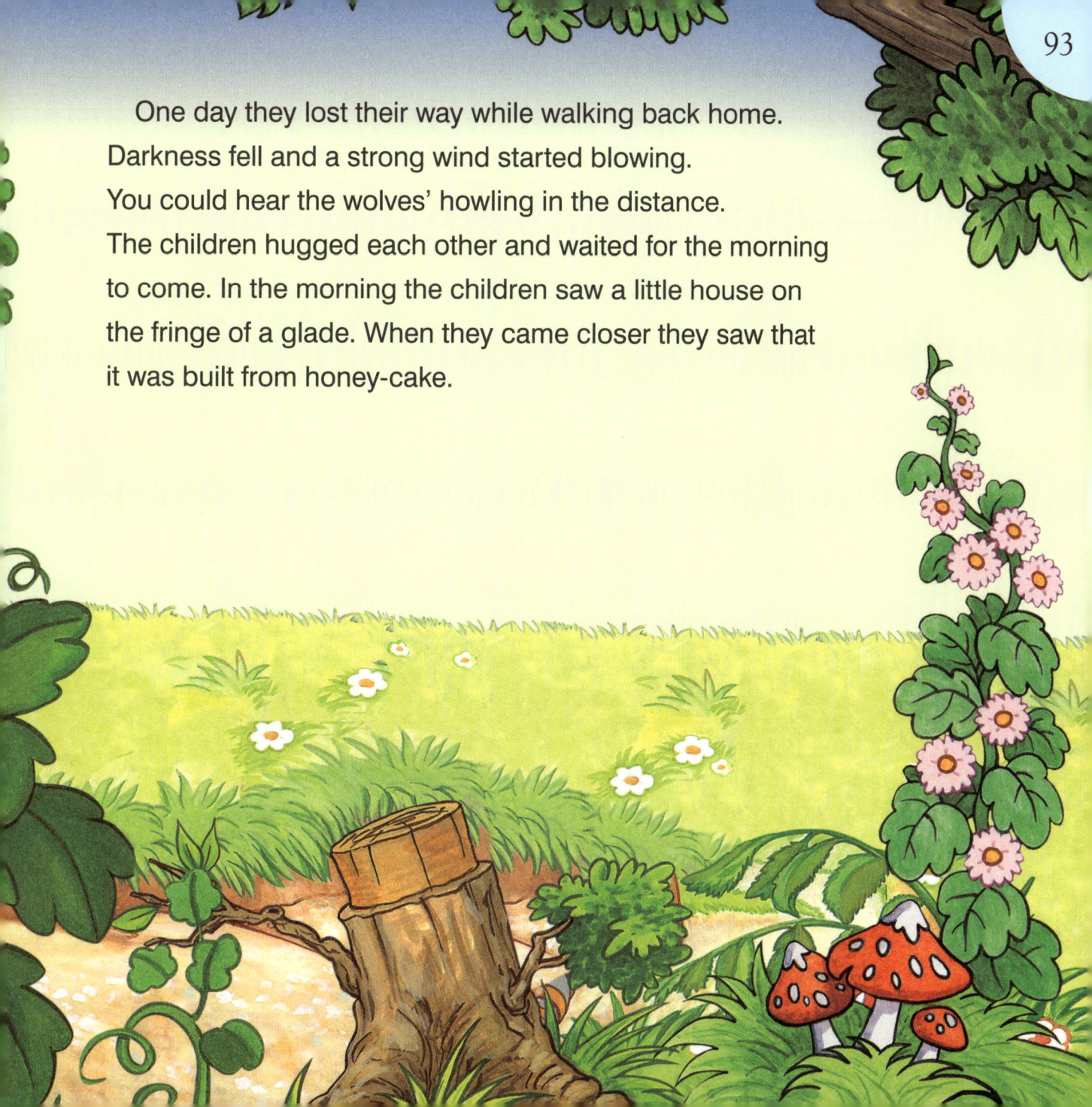

One day they lost their way while walking back home. Darkness fell and a strong wind started blowing. You could hear the wolves' howling in the distance. The children hugged each other and waited for the morning to come. In the morning the children saw a little house on the fringe of a glade. When they came closer they saw that it was built from honey-cake.

Būdami izsalkuši, bērni nevarēja vien beigt lūkoties uz sienām, klātām ar aveņu glazūru, mirdzošiem, garšīgiem kārniņiem no augļu karamelēm un dārzā izvietotiem saldējumiem ar putukrējumu. Visbeidzot viņi vairs nespēja nociesties un nolauza nelielu gabaliņu kūkas.

Being hungry they could not stop looking at the walls covered with raspberry icing, shining savory tiles made of fruit drops and ice-creams with whipped cream standing in the garden. At last they could not bear it and broke off a little bit of cake.

Pēkšņi durvis čīkstēdamas atvērās un uz sliekšņa parādījās veca dāma. Laipni smaidīdama, viņa aicināja bērnus ienākt mājā. Tiklīdz viņi bija iegājuši, tā aptvēra, ka sieviete patiesībā ir neglīta, veca ragana.

"Beidzot man trāpījies gards kumosiņš!" viņa smiedamās iesaucās un gribēja tūlīt pat bērnus apēst.

Tomēr, mirkli apdomājusies, ragana sacīja: "Mazo zēn, tu esi par tievu, un man vajadzēs tevi mazliet uzbarot."

Un viņa ieslēdza Ansīti tumšā kambarī. Meitenei ragana lika uzkopt mājiņu un gatavot brālītim ēst.

Suddenly the door opened with a cracking noise and an old lady appeared on the doorstep. Smiling kindly she asked the children to come inside. No sooner had they come inside when they realized that in reality she was an ugly, old witch.

'At last I've got a tasty bit to eat!' she called laughing and she wanted to eat the children immediately. But after a moment of thinking she said:

'Little boy, you are too thin and I'll have to fatten you up a little.'

And she locked Hansel in a dark closet. The girl was asked to clean the little house and cook food for her brother.

Dienu no dienas Ansītis kļuva resnāks. Lai pārbaudītu, vai zēns nu ir gatavs apēšanai, ragana ik vakaru viņam lika parādīt īkšķi. Bet gudrais zēns, zinādams, ka vecene slikti redz, sava pirksta vietā tai rādīja mazu, apgrauztu kauliņu. Aizritēja trīs mēneši. Beidzot vecā sieviete zaudēja pacietību, sakurināja krāsni un izvilka zēnu no kambara. Viņa uzlika Ansīti uz lielās lizes un centās viņu iestumt krāsnī, bet velti – zēns bija par resnu. Ragana nolēma Ansītim parādīt, kā viņam jānoguļas uz lizes. Kad viņa to izdarīja, Grietiņa raganu iegrūda karstajā krāsnī.

From day to day Hansel was becoming fatter. To check if the boy was ready to be eaten the old lady asked him every evening to show her a thumb. But the clever boy, knowing that the witch did not see very well showed a little, bitten off bone instead of his finger. Three months had passed by. At last the old lady lost her patience, heated the oven and took the boy from the closet. She put Hansel on a big shovel and tried to put him in the oven. In vain. The boy was too fat to be put in the oven. The witch decided to show him what he should do. When she laid herself down on the shovel Gretel pushed her directly into the hot oven.

"Bēgam!" meitene iesaucās, sagrābdama pārbiedēto brāli aiz rokas. Bērni steidzīgi skrēja prom no medus kūkas mājas un, cik ātri vien spēdami, metās uz mežu. Draudzīgi dzīvnieki viņiem palīdzēja atrast ceļu uz mājām, kur viņus noilgojušies gaidīja vecāki. Mazajā namiņā atkal valdīja laime, un par nejauko raganu vairs nekas netika dzirdēts.

'Let's run!' shouted the girl, taking her frightened brother by the hand. The children ran from the honey-cake house and as fast as they could they ran to the forest. Friendly animals helped them to find a way home where their longing parents were waiting. There was once again happiness in the small house and nobody ever heard anything more about the ugly witch.

Stirniņa ir apmaldījusies mežā. Palīdzi viņai atrast ceļu uz pļavu!

Atrodi rāmītī vārdus angļu valodā!

B	I	L	T	A	S	U
R	D	H	N	W	I	F
O	L	U	O	I	S	O
T	O	N	C	T	T	R
H	S	G	A	C	E	E
E	T	R	K	H	R	S
R	G	Y	E	B	H	T

Aplūko attēlus! Nosauc lietas, kas tev garšo!
Pēc tam nosauc tās lietas, kas tev negaršo!

I like… MAN GARŠO…
I don't like… MAN NEGARŠO…

bean
pupiņa

pepper
paprika

corn
kukurūza

tomato
tomāts

cucumber
gurķis

onion
sīpols

I like...
I don't like...

plum
plūme

banana
banāns

grapes
vīnogas

pear
bumbieris

apple
ābols

lemon
citrons

FAMILY

ĢIMENE

MOTHER   **FATHER**

māte   tēvs

GRANDMOTHER

vecmāmiņa

GRANDFATHER

vectētiņš

AUNT
tante

UNCLE
tēvocis

SISTER
māsa

BROTHER
brālis

IN THE FOREST
MEŽĀ

owl
pūce

tree
koks

hare
zaķis

squirrel
vāvere

woodpecker
dzenis

bear
lācis

fox
lapsa

hedgehog
ezis

ant
skudra

mushroom
sēne

Saliec no zilbēm ģimenes locekļu vārdus!

ther mo

fa

sis un

ther

fa

grand

ther

cle

grand

ther

bro

mo

ther

ter

Atrodi dzīvnieku vārdus, kas noslēpušies meža celiņā!

Atrod divus vienādus ežus, kuri paslēpušies zālē!

Ansītis un Grietiņa ir nomaldījušies mežā.
Palīdzi viņiem atrast ceļu uz mājām!

Kurš bērns saņems dāvanu?

Lasi teikumus un atzīmē pareizās atbildes!

This is a woodcutter.
YES NO

This is a little house.
YES NO

This is a table.
YES NO

This is a mushroom.
YES NO

This is a witch.
YES NO

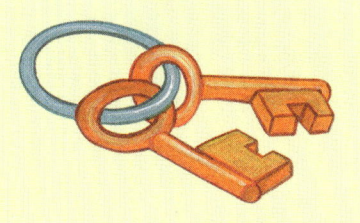

This is a butterfly.
YES NO

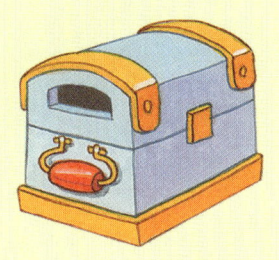

This is a bar.
YES NO

This is an oven.
YES NO

Kādu augli nes ežulis?

Kurš dzīvnieks nedzīvo kokos?

Ieraksti trūkstošos burtus!

a_t

sq_i_r_l

o_l

w_od_ec_er

ap_le

t_e_

f_x

b_a_

Kurš vārds atbilst attēlam?

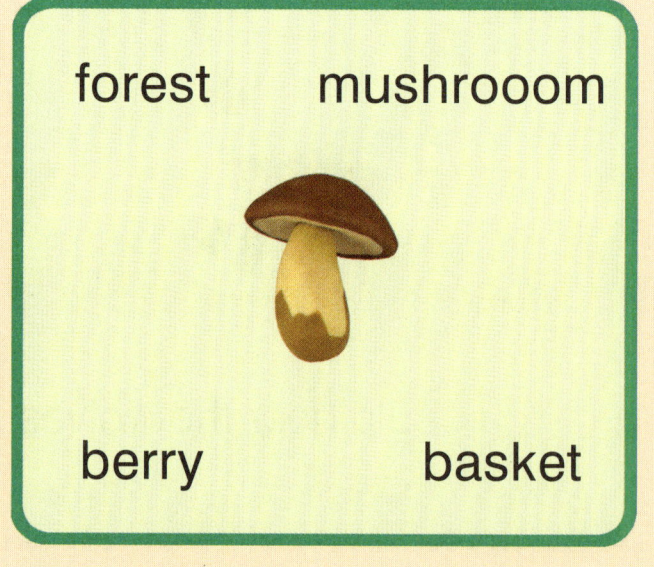

plum	lemon
apple	pear

grandmother	aunt
mother	sister

ant	fox
bear	owl

forest	mushrooom
berry	basket

Lasi pasaku, attēlu vietā ievietojot atbilstošos vārdus!

Far, far away in a little house in a _____ lived a brother and a sister – Hansel and Gretel. There was hunger and poverty in the neighbourhood. In spite of that the _____ were happy and helped their parents with joy. They often went with their father who was a _____ to the forest and they would come back with a basket full of berries or mushrooms.

One day they lost their way while walking back home.

Darkness fell and a strong wind started blowing.

You could hear the wolves' howling in the distance.

The children hugged each other and waited for the morning to come. In the morning the children saw a little on the fringe of a glade. When they came closer they saw that it was built from honey-cake. Being hungry they could not stop looking at the walls covered with raspberry icing, shining savory tiles made of fruit drops and with whipped cream standing in the garden. At last they could not bear it and broke off a little bit of cake. Suddenly the door opened with a cracking noise and an old lady appeared on the doorstep. Smiling kindly she asked the children to come inside. No sooner had they come inside when they realized that in reality she was an ugly, old . 'At last I've got a tasty bit to eat!' she called laughing and she wanted to eat the children immediately. But after a moment of thinking she said: 'Little , you are too thin and I'll have to fatten you up a little.' And she locked Hansel in a dark closet. The girl was asked to clean the little house and cook food for her brother.

From day to day Hansel was becoming fatter. To check if the boy was ready to be eaten the old lady asked him every evening to show her a thumb. But the clever boy, knowing that the witch did not see very well showed a little, bitten off bone instead of his finger. Three months had passed by. At last the old lady lost her patience, heated the and took the boy from the closet. She put Hansel on a big shovel and tried to put him in the oven. In vain. The boy was too fat to be put in the oven.

The witch decided to show him what he should do. When she laid herself down on the 🪵 Gretel pushed her directly into the hot oven. 'Let's run!' shouted the girl, taking her frightened brother by the hand. The children ran from the honey-cake house and as fast as they could they ran to the forest. Friendly 🐦 helped them to find a way home where their longing parents were waiting. There was once again happiness in the small house and nobody ever heard anything more about the ugly witch.

VĀRDNĪCIŅA

adult – pieaugušais
animal – dzīvnieks
ant – skudra
apple – ābols
aunt – tante

banana – banāns
basket – grozs
bean – pupa
bear – lācis
berry – oga
bit – kumoss
bone – kauls
brother – brālis
build – būvēt, celt

cake – kūka
children – bērni
clean – tīrīt
clever – gudrs
close – tuvu
closet – skapis

cook – vārīt, gatavot
corn – kukurūza
cover – pārklāt
crack – čīkstēt
cream – krējums
cucumber – gurķis

darkness – tumsa
door – durvis

eat – ēst

fast – ātri
fat – resns
father – tēvs
fatten – uzbarot
finger – pirksts
food – ēdiens
forest – mežs
fox – lapsa
friendly – draudzīgs
frightened – izbijies

fringe – mala
fruit drop – augļu karamele

garden – dārzs
glade – pļava, izcirtums
grandfather – vectēvs
grandmother – vecmāmiņa
grapes – vīnogas

hare – zaķis
hedgehog – ezis
honey – medus
honey-cake – medus kūka
hot – karsts
howl – kaukt, gaudot
hug – apskaut
hunger – izsalkums
hungry – izsalcis

ice-cream – saldējums
immediately – tūliņ
instead – tā vietā

joy – prieks

laugh – smieties
lemon – citrons
little – mazs
lost – pazudis

mobile – mobilais telefons
mother – mamma
mushroom – sēne

neighbourhood – apkārtne

often – bieži
old – vecs
onion – sīpols
oven – krāsns
owl – pūce

paint – krāsot
parents – vecāki
patience – pacietība

pear – bumbieris
pepper – paprika
plum – plūme
poverty – nabadzība

raspberry – avene
ready – gatavs
reality – patiesība

shout – kliegt
showel – lize
shower – lietusgāze
sister – māsa
squirrel – vāvere
strong – stiprs

tasty – gards
thin – tievs
thumb – īkšķis
tile – kārniņš
tomato – tomāts
tree – koks

ugly – neglīts
uncle – tēvocis

wall – siena
way – ceļš
wind – vējš
witch – ragana
wolf – vilks
woodcutter – mežcirtējs
woodpecker – dzenis

Sniega karaliene
The Snow Queen

Kādā pilsētā dzīvoja zēns un meitene – Kajs un Gerda. Lai arī viņi nebija brālis un māsa, bērni viens otru ļoti mīlēja. Reiz vecmāmiņa viņiem pastāstīja par Sniega karalieni:

"Viņa ir auksta kā ledus un atnāk līdz ar ziemu. Dažreiz Sniega karaliene ielūkojas logos un uz rūtīm zīmē noslēpumainus rakstus."

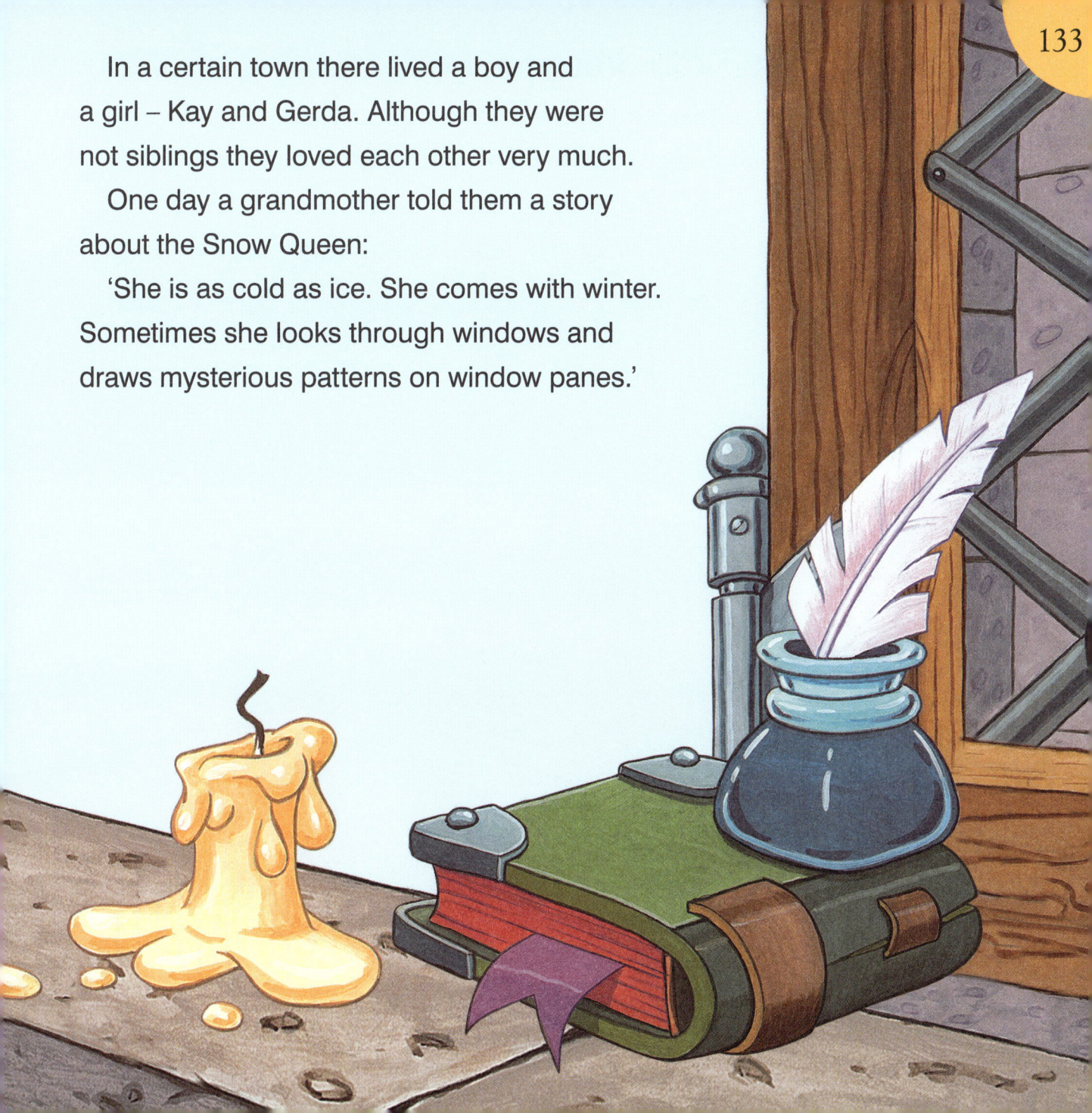

In a certain town there lived a boy and a girl – Kay and Gerda. Although they were not siblings they loved each other very much.

One day a grandmother told them a story about the Snow Queen:

'She is as cold as ice. She comes with winter. Sometimes she looks through windows and draws mysterious patterns on window panes.'

"Es nepavisam nebaidos!" Kajs iesaucās. Bet vakarā, kad uzsniga pirmais sniegs, viņš ieraudzīja sniegbaltu dāmu ar lāsteku kroni galvā. Tur nu bija Sniega karaliene! Kamēr Kajs viņā lūkojās, kaut kas trāpīja viņam acī – tā bija lauska no ļaunuma spoguļa. Kopš tā brīža viss labais zēnam šķita slikts un viņš kļuva ļauns un iedomīgs. Kajs vairs negribēja rotaļāties ar Gerdu.

'I'm not scared at all!' cried out Kay. But in the evening when the first snow appeared he saw a snow-white lady with a crown made of icicles. There was the Snow Queen! When he looked at her something hit him in the eye. It was a piece of diabolic mirror. Since then everything good seemed stupid to him and he became malicious and vain. He did not want to play with Gerda any more.

Kādu dienu zēns paņēma ragaviņas un aizsteidzās uz laukumu, kur viņš pamanīja lielas, sarkanas kamanas. Kajs pie tām piesēja savas ragaviņas, un pajūgs devās ceļā. Kad tas apstājās, sarkanajās kamanās piecēlās Sniega karaliene!

Viņa aicināja Kaju pie sevis. Kad Sniega karaliene noskūpstīja zēnu uz pieres, Kajs aizmirsa Gerdu, un viņi devās uz mūžīgā sniega zemi.

One day the boy took his sledge and ran to the square where he saw a great, red sleigh. He fastened his own little sledge to it and the cart set off. When they stopped the Snow Queen rose up from the red sleigh!

She asked Kay to come to her. When she kissed him on the forehead Kay forgot Gerda and they went away to the land of everlasting snow.

Gerda devās ceļā, lai meklētu savu draugu, bet par zēnu nekas nebija zināms. Kādu dienu viņa sastapa lielu, melnu vārnu.

"Es varbūt esmu redzējusi tavu Kaju," putns sacīja un aizveda Gerdu uz pili. Taču zēns, kas tur mita, nebija Kajs, bet gan princis, kurš bija ļoti jauks un viesmīlīgs. Viņš meitenei sarūpēja siltas kurpes, mēteli un karieti. Tad meitene devās tālāk.

Gerda set off to look for her friend but there was no news about the boy. One day she came across a big, black crow:

'I may have seen your Kay,' said the bird and took Gerda to a castle. But the boy who lived there was not Kay but a prince who appeared to be very nice and hospitable. He gave Gerda warm shoes, a coat and a carriage. And the girl went on her way.

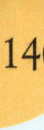

Mežā karietei uzbruka laupītāji, bet Gerdu izglāba laupītāju barveža meita. Mazā laupītāju meitene vēlējās draudzeni, ar kuru rotaļāties, tomēr Gerdas stāsts viņu apbēdināja.

"Es tev palīdzēšu. Ņem manu ziemeļbriedi."

Un tā nu ar laupītāju meitenes palīdzību Gerda varēja doties tālāk.

Kādā brīdī briedis apstājās. "Tālāk tev jādodas vienai pašai. Man nav ļauts ienākt ledus karaļvalstī."

In the forest robbers attacked the carriage but Gerda was saved by the chief-robber's daughter. The little robber-girl wanted to have a friend to play with. Gerda's story made her sad.

'I will help you. Take my reindeer.'

And with her help Gerda left the place. At some point the reindeer stopped.

'Now you have to go on your own. I'm not allowed to enter the ice kingdom.'

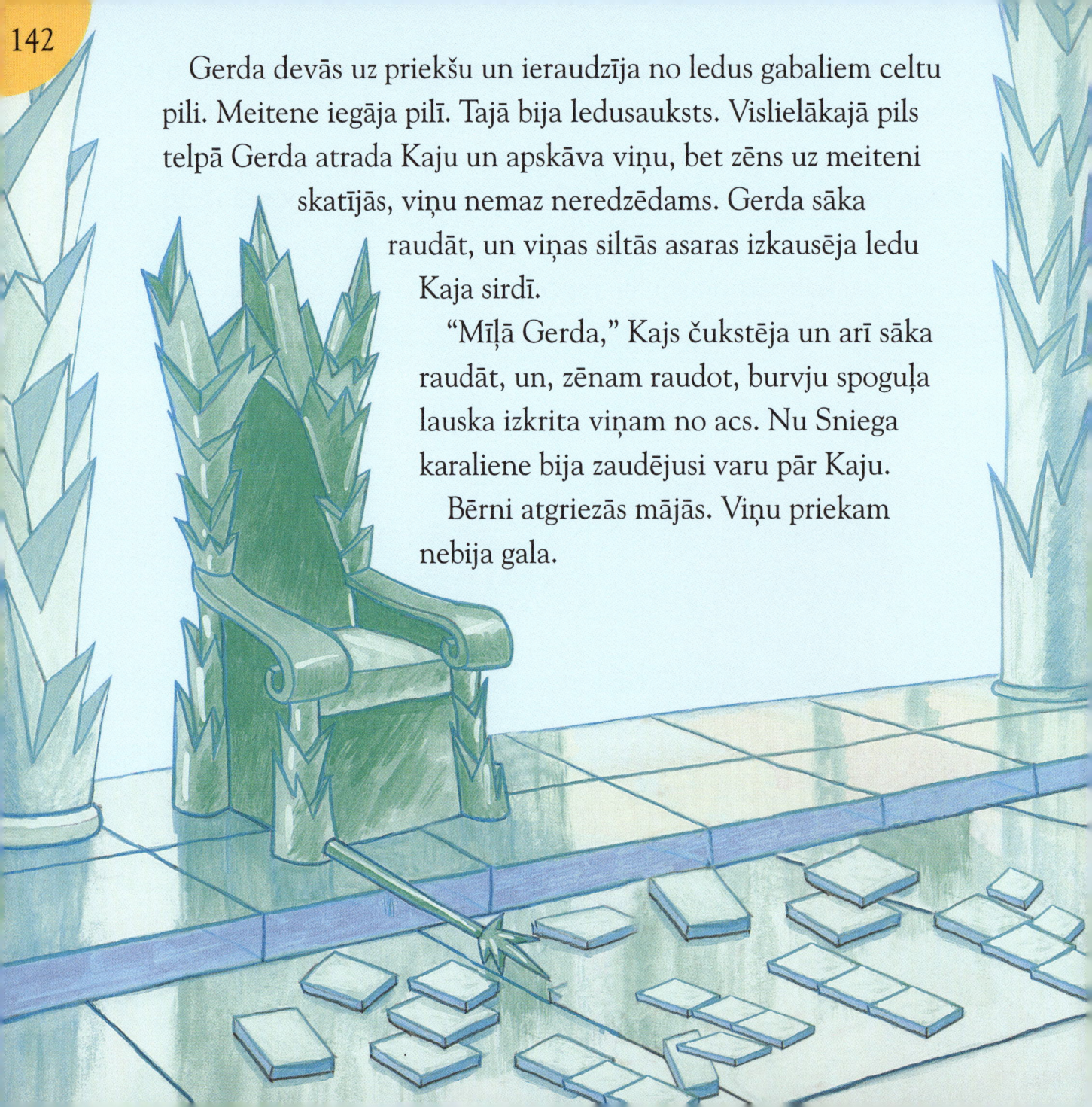

Gerda devās uz priekšu un ieraudzīja no ledus gabaliem celtu pili. Meitene iegāja pilī. Tajā bija ledusauksts. Vislielākajā pils telpā Gerda atrada Kaju un apskāva viņu, bet zēns uz meiteni skatījās, viņu nemaz neredzēdams. Gerda sāka raudāt, un viņas siltās asaras izkausēja ledu Kaja sirdī.

"Mīļā Gerda," Kajs čukstēja un arī sāka raudāt, un, zēnam raudot, burvju spoguļa lauska izkrita viņam no acs. Nu Sniega karaliene bija zaudējusi varu pār Kaju.

Bērni atgriezās mājās. Viņu priekam nebija gala.

Gerda moved forward. Then she saw a palace made of pieces of ice. She went inside. The whole place was so cold. In the biggest room she found Kay and hugged him but he looked at her without seeing her at all. The girl cried and her warm tears dissolved the ice in Kay's heart. 'Dearest Gerda,' whispered Kay and cried and while he was crying the piece of diabolic mirror fell out from his eye. Now the Snow Queen lost her power over Kay. The children returned home. There was no end to their joy.

Kas no attēlā redzamā nav minēts pasakā?

Atrodi rāmītī vārdus angļu valodā!

C	F	A	D	S	F	S
Q	O	G	S	L	D	P
U	R	I	N	E	R	R
E	E	C	O	D	T	I
E	S	E	W	G	O	N
N	T	F	J	E	W	C
R	D	Y	G	T	N	E

WINTER ZIEMA

reindeer
ziemeļbriedis

ice
ledus

palace
pils

snow
sniegs

girl
meitene

boy
zēns

sledge
ragaviņas

147

SPRING PAVASARIS

tree koks

river upe

house māja

flower
puķe

bird
putns

butterfly
taurenis

SUMMER VASARA

ship
kuģis

seagull
kaija

castle
pils

sea
jūra

shell
gliemežvāks

beach
liedags

starfish
jūraszvaigzne

AUTUMN RUDENS

farmyard
fermas pagalms

fence
žogs

mushroom
sēne

chestnuts
kastaņi

swan gulbis

worm tārps

leaf lapa

154 Pavadi Gerdu pie Kaja un mēģini izlasīt gadalaiku nosaukumus!

DRWUOPAUTUMNBFROTPWAQSUMMER

155

FKTOPMDWINTERAOPTWCZJSPRINGDTOP

156

Lasi teikumus un atzīmē pareizās atbildes!

This is a swan.
YES NO

This is a boy.
YES NO

This is a starfish.
YES NO

This is a tree.
YES NO

This is a ship.
YES NO

This is a butterfly.
YES NO

This is a shell.
YES NO

This is a mushroom.
YES NO

Winter – ziema
December – decembris
January – janvāris
February – februāris

Spring – pavasaris
March – marts
April – aprīlis
May – maijs

Summer – vasara
June – jūnijs
July – jūlijs
August – augusts

Autumn – rudens
September – septembris
October – oktobris
November – novembris

JANUARY
janvāris

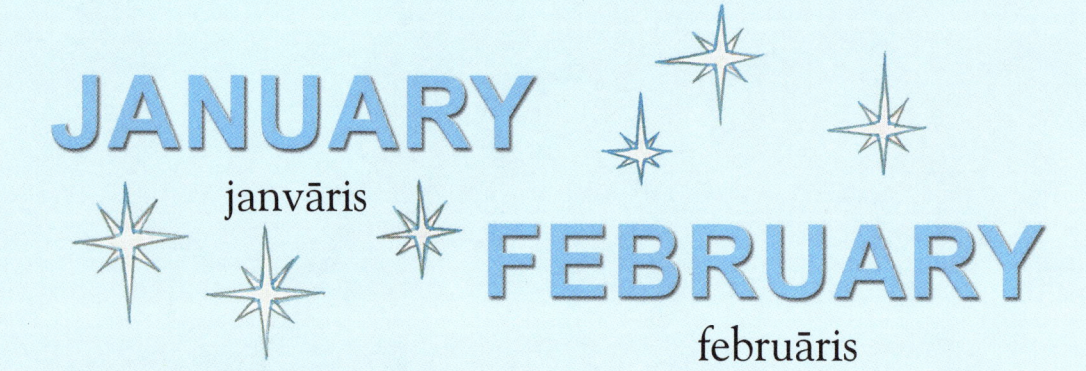

FEBRUARY
februāris

MARCH
marts

APRIL
aprīlis

MAY
maijs

JUNE
jūnijs

JULY
jūlijs

AUGUST
augusts

SEPTEMBER
septembris

OCTOBER
oktobris

NOVEMBER
novembris

DECEMBER
decembris

Ieraksti trūkstošos burtus!

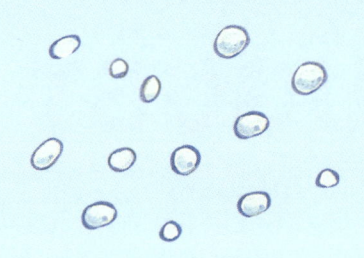

sn_w

sl_ig_

q_ee_

r_inde_r

c_st_e

gr_ndm_th_r

p_in_e

c_rr_a_e

Savieno atbilstošos vārdus!

WINTER   BEACH

SPRING   SNOW

SUMMER   LEAF

AUTUMN   FLOWER

Lasi pasaku, attēlu vietā ievietojot atbilstošos vārdus!

In a certain town there lived a boy and a girl – Kay and Gerda. Although they were not siblings they loved each other very much. One day a ___ told them a story about the Snow Queen: 'She is as cold as ___ . She comes with winter.' In the evening when the first ___ appeared Kay saw a snow-white lady with a crown made of icicles. There was ___ ! When he looked at her something hit him in the eye. It was a piece of diabolic mirror.

One day the boy took his sledge and ran to the square. He fastened his own little sledge to the great, red sleigh and they set off. When the Snow Queen kissed him on the forehead Kay forgot and they went away to the land of everlasting snow. Gerda set off to look for her friend but there was no news about the boy. One day she came across a big, black crow.

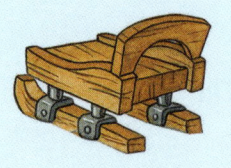

'I may have seen your Kay,' said the bird and took Gerda to a ____ . But the boy who lived there was not Kay but a prince. He gave Gerda warm shoes, a coat and a carriage. And the girl went on her way. In the forest robbers attacked the ____ but Gerda was saved by the chief-robber's daughter. Gerda's story made her sad. With her help Gerda left the place. At some point the ____ stopped.

'Now you have to go on your own. I'm not allowed to enter the ice kingdom.' Gerda moved forward. Then she saw a palace made of pieces of ice. The whole place was so cold. In the biggest room she found and hugged him. He looked at her without seeing her at all. The girl cried and when she was crying the piece of diabolic mirror fell out from his . Now the Snow Queen lost her power over Kay and the children returned home.

VĀRDNĪCIŅA

allow – atļaut
ask – jautāt

bird – putns
boy – zēns

carriage – kariete
cart – rati
castle – pils
chief-robber – laupītāju barvedis
cold – auksts
crow – vārna
crown – kronis
cry – raudāt

dark – tumšs
daughter – meita
diabolic – velnišķīgs
dissolve – izkust
draw – uzzīmēt

everlasting – mūžīgs
eye – acs

face – seja
far – tālu
fasten – piestiprināt; piesiet
forehead – piere
freeze – sasalt
friend – draugs

girl – meitene
glove – cimds
go – iet
grandmother – vecmāmiņa

happy – laimīgs
heart – sirds
help – palīdzēt
hold – turēt
hospitable – viesmīlīgs
hug – apskaut

ice – ledus
icicles – lāstekas
inside – iekšā
it's snowing – snieg

kingdom – karaļvalsts
kiss – skūpstīt

look – skatīties

malicious – ļauns
mirror – spogulis
move – kustēties
mysterious – noslēpumains

near – tuvu
news – jaunumi

open – atvērts

palace – pils
pane – loga rūts
pattern – raksts
piece – gabals
play – rotaļāties
power – vara
prince – princis

queen – karaliene

reindeer – ziemeļbriedis
robber – laupītājs

sad – skumjš
scare – nobiedēt
siblings – brāļi un māsas
sledge – ragaviņas
sleigh – kamanas
snow – sniegs
snow-white – sniegbalts
square – laukums
story – stāsts
stupid – muļķis

tear – asara
town – pilsēta

vain – iedomīgs
visit – apciemot

wait – gaidīt
warm – silts
whisper – čukstēt
window – logs

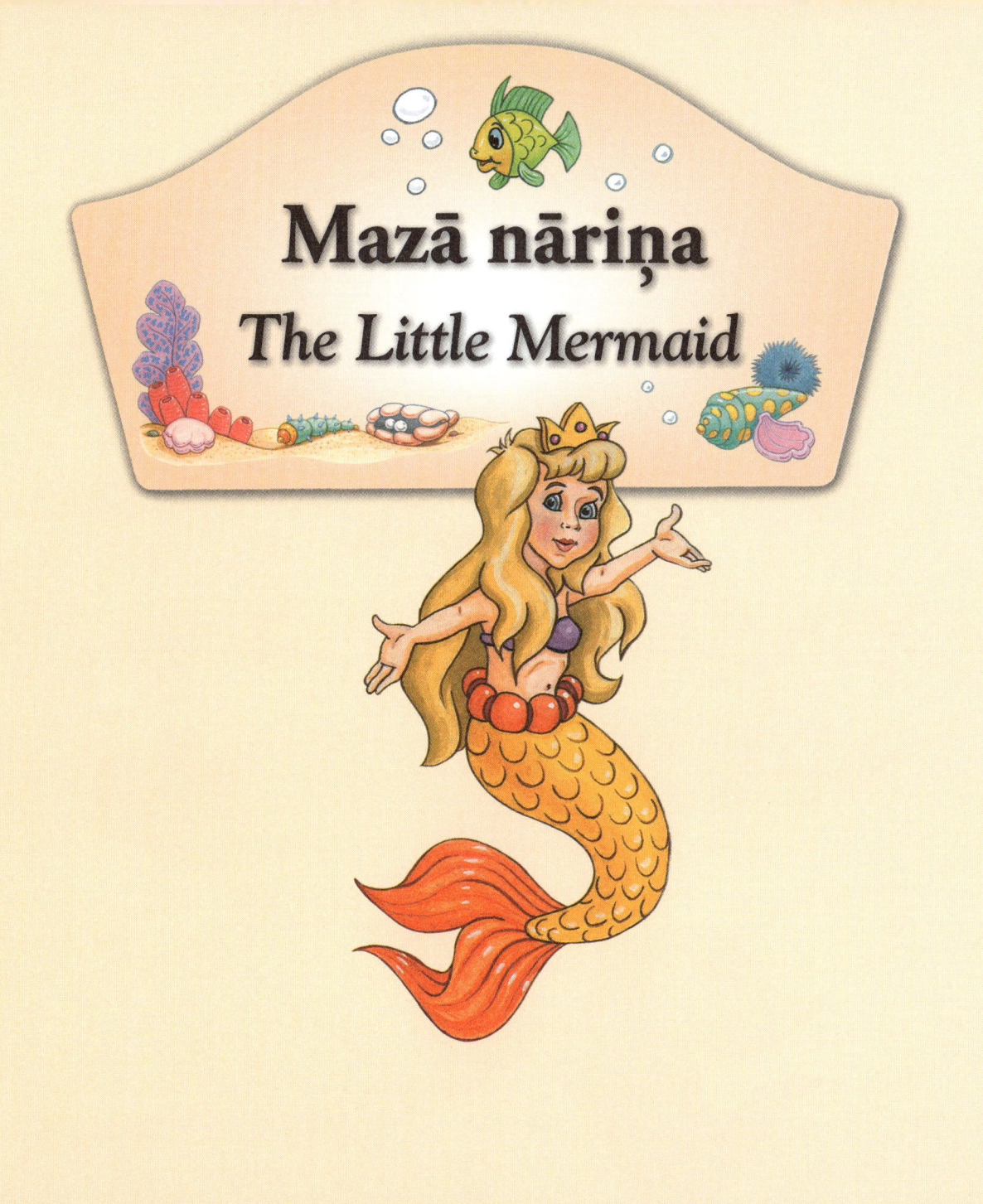

Mazā nāriņa
The Little Mermaid

Senos laikos jūras dzelmē dzīvoja skaistas nāras. Kādu dienu pati mazākā nāriņa kuģa vrakā atrada jauna zēna statuju, gatavotu no marmora, un pēc tam viņa ilgojās sastapt cilvēkus. Vecākās māsas nāriņai teica: "Cilvēki ir ļauni, un astes vietā viņiem ir kājas, tāpēc viņi neprot peldēt tik labi kā mēs, turklāt cilvēki mirst, pirms vēl ir sasnieguši simt gadu vecumu."

In the old days beautiful mermaids lived at the bottom of the sea. One day the youngest found a marble statue of a young boy in the wreck of a ship and then she wished to meet people. The older sisters told her: 'People are bad and instead of a tail they have legs so they are not able to swim as good as we are and they die before they live to be one hundred years old.'

Bet mazā nāriņa viņām neticēja. Viņa izzagās no pils un aizpeldēja līdz jūras virsmai. Nāriņa ar apbrīnu vērās nepazīstamajā pasaulē. Pēkšņi jūrā parādījās liels kuģis, un nāriņa peldēja tam pakaļ. Ļaudis uz kuģa sauca urravas par godu jaunā prinča dzimšanas dienas svinībām. Nāriņai šķita, ka princis ir zēns, kura statuju viņa bija atradusi.

But the little mermaid did not believe them. She slipped away from the palace and swam up to the surface of the sea. She was looking with admiration at the unknown world. Suddenly a big ship appeared on the sea. The mermaid went after it. People on the ship were cheering on the occasion of the birthday party of the young prince. The mermaid thought it was his statue she had found.

Piepeši sākās vētra. Zibens iespēra kuģī, un tas sāka grimt. Redzot notiekošo, nāriņa piepeldēja pie kuģa, lai palīdzētu princim. Viņa to apskāva, un abi devās uz krastu. Nāriņa jauno puisi noguldīja smiltīs un atgriezās ūdenī. Kad princis pamodās, viņš redzēja citu meiteni noliekušos pār viņu un domāja, ka tā ir viņa glābēja.

Suddenly a storm started. The lightning hit the ship and it started sinking. Seeing what was happening the mermaid swam to help the prince. She embraced him and they went to the shore. She laid the young man on the sand and went back to the water. When the prince woke up he saw another girl bending over him and he thought she must have been his saviour.

Bet nāriņa nespēja aizmirst princi. Viņa nolēma griezties pēc palīdzības pie burves. "Es tev došu kājas un noņemšu asti, bet tev par to man būs jāatdod sava balss. Atceries, ka tu zaudēsi arī savu nemirstību. Ja princis tevi nemīlēs un apprecēs citu meiteni, tu tapsi par jūras putām," sacīja vecā burve.

But the mermaid could not forget the prince. She decided to go for help to a witch. 'I'll give you legs and take off your tail but you have to give me your voice instead. Remember that you'll also lose your immortality. If the prince doesn't love you and marries the other girl you'll become sea-foam,' said the old lady.

Nāriņa iedzēra malku eliksīra un tūdaļ aizmiga. Kad viņa pamodās, nāriņa ieraudzīja sev blakus princi.

"Viļņi tevi izmeta krastā," viņš sacīja. "Arī es gandrīz nomiru jūrā. Kāda meitene mani izglāba. Pēc pāris dienām mēs apprecēsimies. Es ceru, ka tu nāksi uz kāzām."

Nāriņai šķita, ka viņas sirds salūzīs gabalos. Pēc kāzām viņa uzkāpa uz klāja un sāka raudāt.

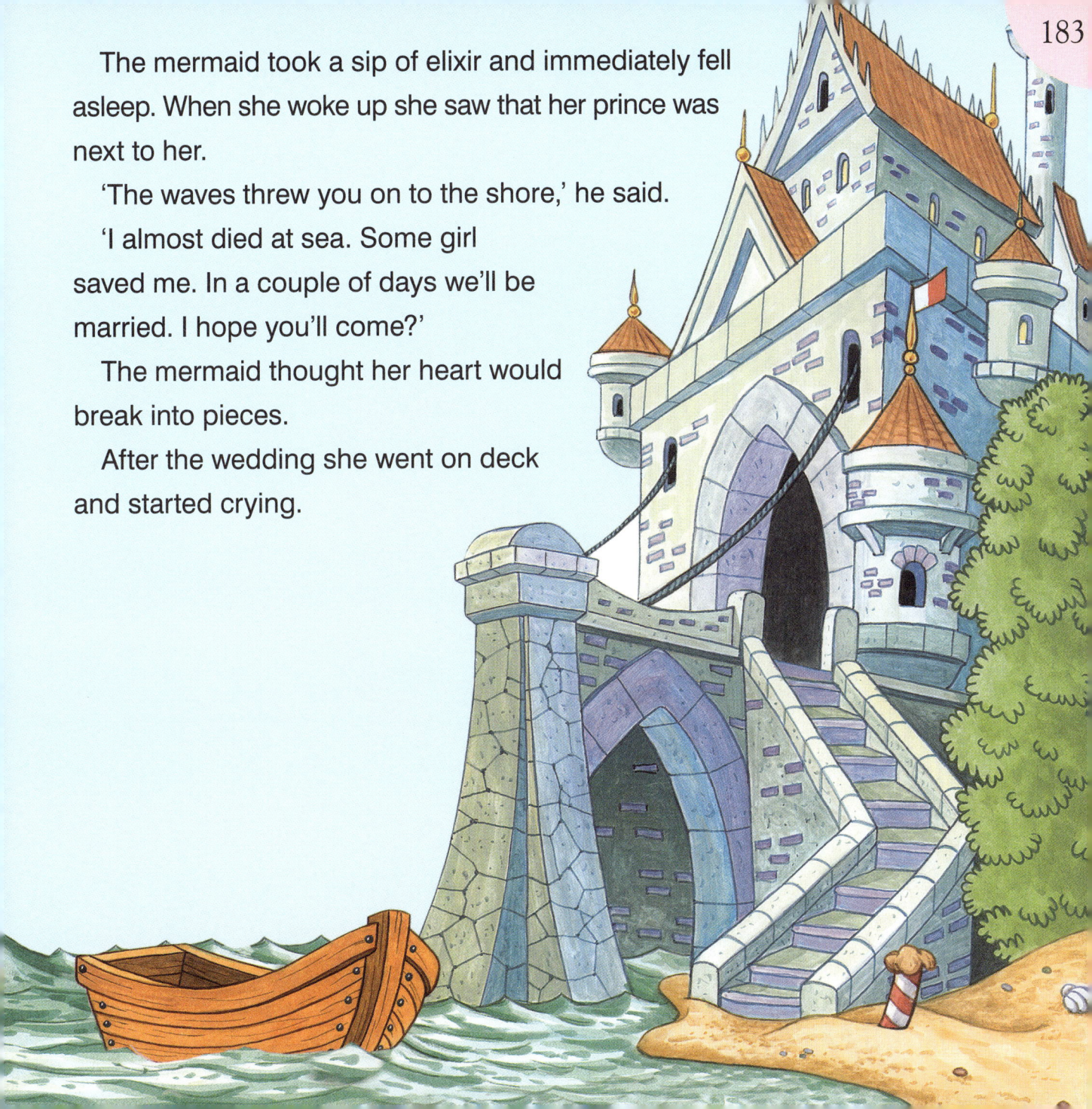

The mermaid took a sip of elixir and immediately fell asleep. When she woke up she saw that her prince was next to her.

'The waves threw you on to the shore,' he said.

'I almost died at sea. Some girl saved me. In a couple of days we'll be married. I hope you'll come?'

The mermaid thought her heart would break into pieces.

After the wedding she went on deck and started crying.

Māsas dzirdēja nāriņas raudāšanu un iznira no jūras. "Nogalini princi, tad tev atkal būs aste, un tu varēsi atgriezties zemūdens karaļvalstī," viņas ieteica.

Nāriņa paņēma nazi un devās uz istabu, kur gulēja jaunlaulātie. Bet, palūkojusies uz princi un viņa sievu, nāriņa saprata, ka nespēj iznīcināt viņu laimi.

Nākamajā dienā viņa pārtapa jūras putās.

Her sisters heard her crying and emerged from the sea. 'Kill the prince and you'll have your tail again and you'll be able to come back to the underwater kingdom,' they advised.

She took a dagger and went to the room where the newly-weds were sleeping. But when she looked at them she understood that she could not break their happiness.

The day after she became sea-foam.

Saskaiti, cik zivtiņu vari atrast attēlā!

Atrodi rāmītī vārdus angļu valodā!

D	G	M	T	F	Q	S
F	S	E	I	D	D	P
S	I	R	S	A	R	R
E	S	M	H	G	T	I
A	T	A	I	G	A	N
N	E	I	P	E	I	C
R	R	D	A	R	L	E

NUMBERS
SKAITĻI

4 FOUR četri

10 TEN desmit

5 FIVE pieci

7 SEVEN septiņi

2 TWO divi

6 SIX seši

9 NINE deviņi

8 EIGHT astoņi

3 THREE trīs

1 ONE viens

11 ELEVEN vienpadsmit

20 TWENTY divdesmit

14 FOURTEEN četrpadsmit

16 SIXTEEN sešpadsmit

19 NINETEEN deviņpadsmit

15 FIFTEEN piecpadsmit

13 THIRTEEN trīspadsmit

18 EIGHTEEN astoņpadsmit

12 TWELVE divpadsmit

17 SEVENTEEN septiņpadsmit

COLOURS
KRĀSAS

white
balts

blue
zils

pink
rozā

green
zaļš

red
sarkans

orange
oranžs

yellow
dzeltens

black
melns

brown
brūns

SHAPES
FORMAS

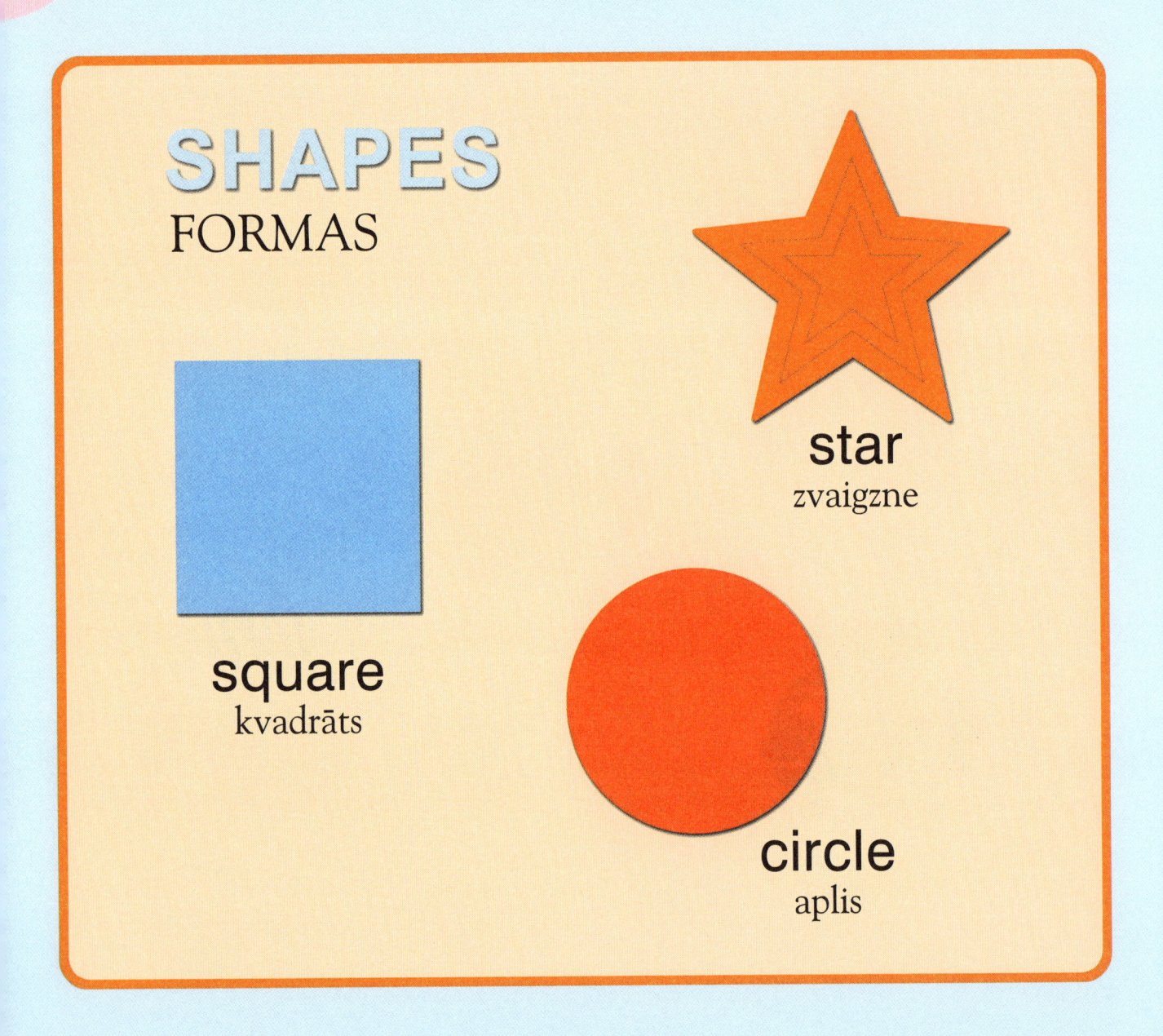

star
zvaigzne

square
kvadrāts

circle
aplis

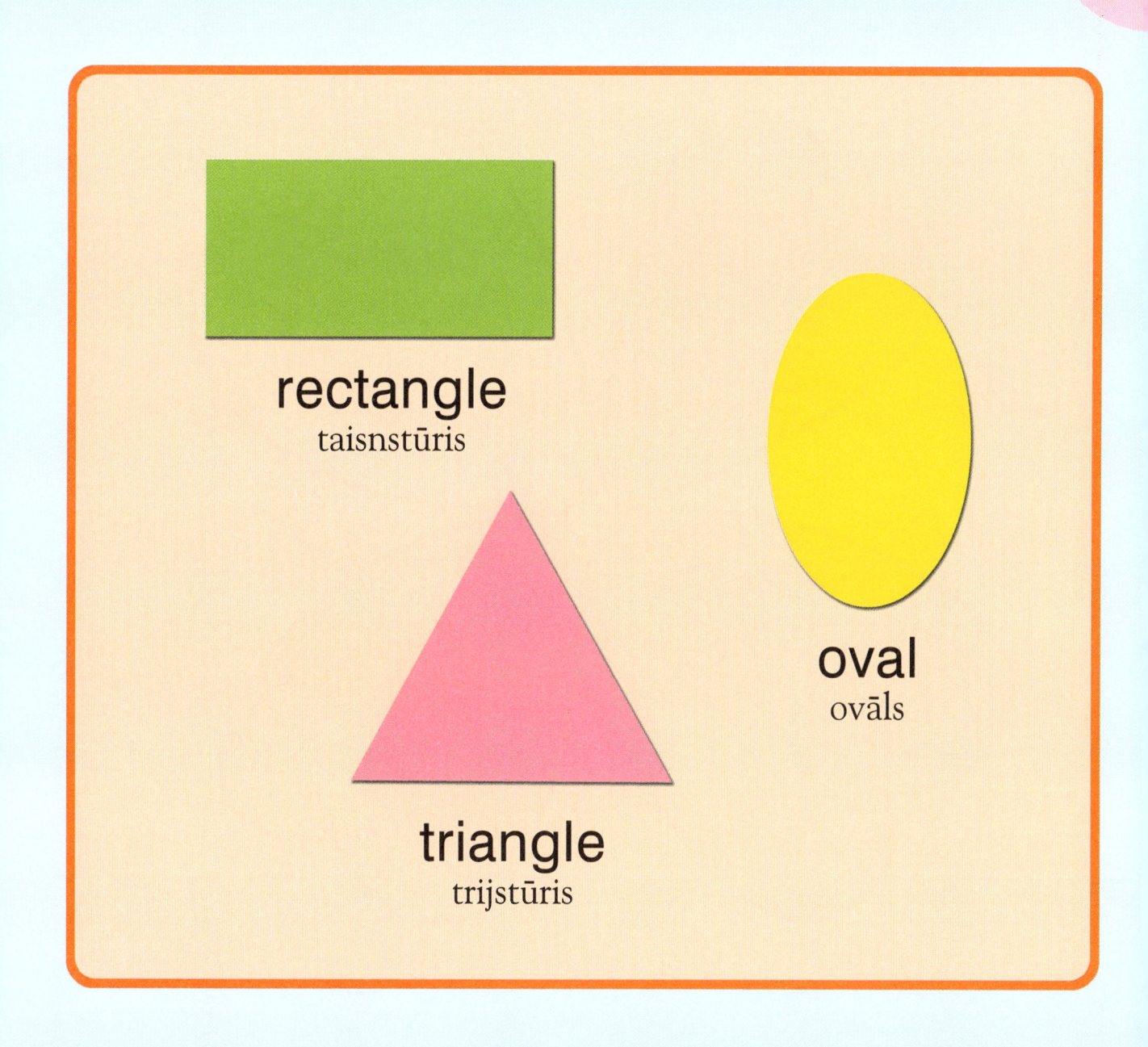

rectangle
taisnstūris

oval
ovāls

triangle
trijstūris

Ievieto trūkstošos burtus!

Ievieto trūkstošos burtus!

o_a_g_

_ro_n

b_a_k

_r_d

Pavadi nāriņu uz prinča pili un mēģini izlasīt skaitļu nosaukumus!

GRTUTWOMNKTTENPTROTELEVENTKNKONELGDESEVEN

TROMNTHIRTEENFLOPRNINESROTSXVB

Atrodi un nosauc attēlā redzamās ģeometriskās figūras!
Cik katra veida figūru vari atrast?

circle   triangle   rectangle

Nosauc figūras formu un krāsu!

Saliec burtus skaitļu secībā un izlasi vārdu!

201

Nosauc varavīksnes krāsas!

203

Savieno attēlu ar atbilstošo vārdu!

oval

triangle

rectangle

205

star

circle

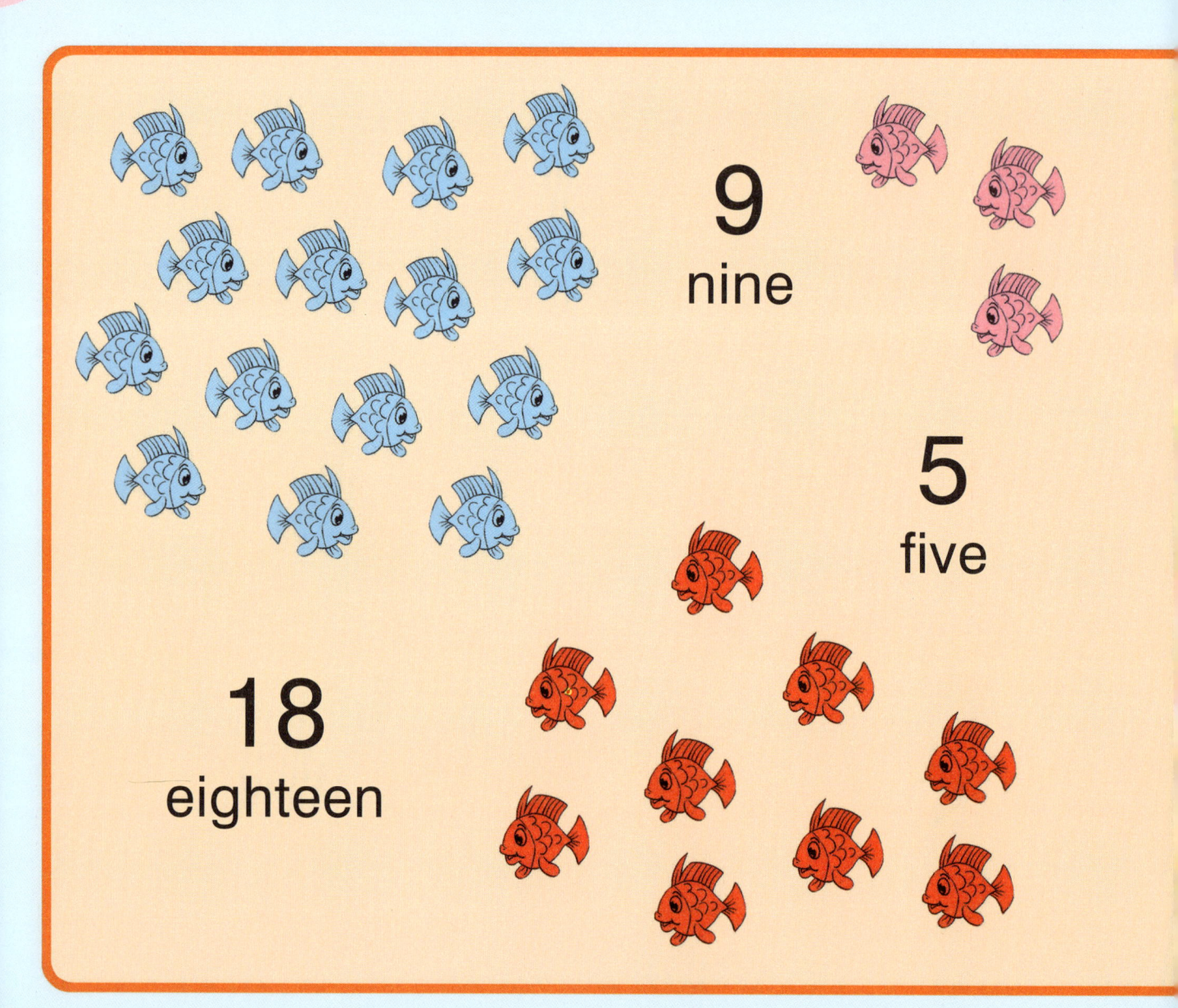

Saskaiti, cik zivtiņu ir katrā barā! Pasaki, kādā krāsā ir zivtiņas!

9
nine

5
five

18
eighteen

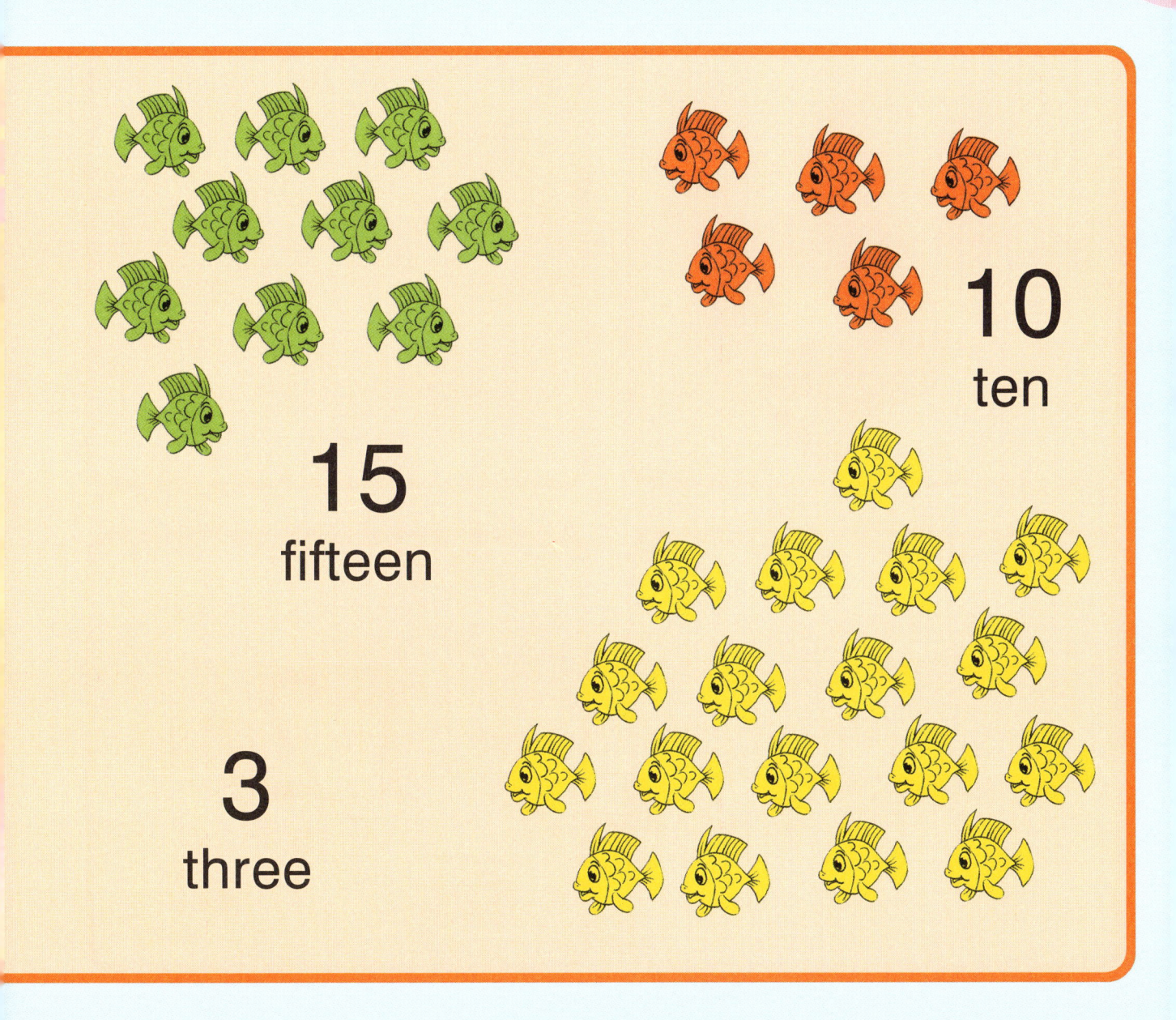

15 fifteen

3 three

10 ten

Kurš vārds atbilst katram attēlam?

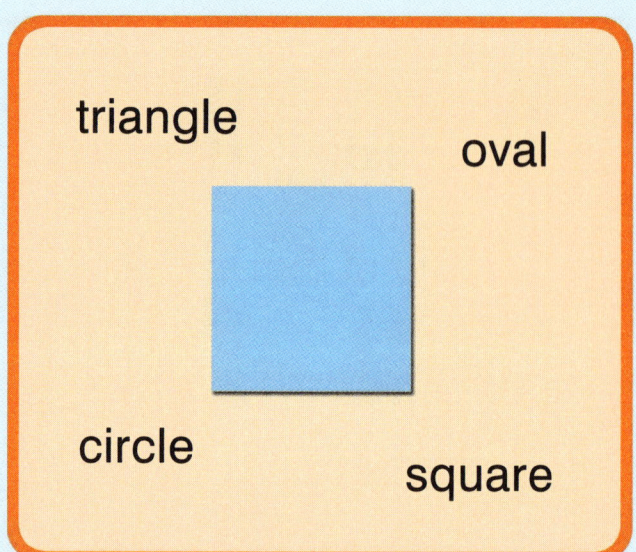

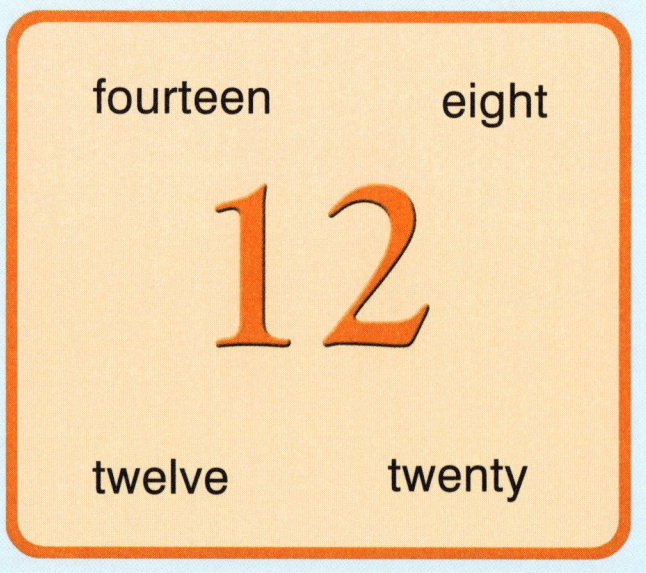

boy
girl
mermaid
prince

triangle
oval
circle
square

black
green
red
blue

fourteen
eight
twelve
twenty

Lasi pasaku, attēlu vietā ievietojot atbilstošos vārdus!

In the old days beautiful [mermaid] lived at the bottom of the sea. One day the youngest found a marble statue of a young boy in the wreck of a [ship].

The older sisters told her: 'People are bad and instead of a tail they have [legs] and they die before they live to be one hundred years old.'

But the little mermaid did not believe them.

She slipped away from the [castle] and swam up to the surface of the sea.

Suddenly a big ship appeared on the sea. People on the ship were cheering on the occasion of the birthday party of the young prince. The mermaid thought it was his statue she had found. A storm started and the ship started sinking. Seeing what was happening the mermaid swam to help the prince. She laid the young man on the sand and went back to the water. But the mermaid could not forget the prince.

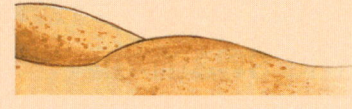

She decided to go for help to a witch. 'I'll give you legs and take off your 🐠 but you have to give me your voice instead. If the prince doesn't love you and marries the other girl you'll become a sea-foam.' The mermaid took a sip of 🧪 and immediately fell asleep. When she woke up she saw that her prince was next to her.

'The waves threw you on to the 🏖️ ,' he said.

'I almost died at 🌊 . Some girl saved me. In a couple of days we'll be married. I hope you'll come?'

The mermaid thought her ♥ would break into pieces. After the wedding she went on deck and started crying. Her 🧜‍♀️🧜‍♀️ heard her crying and emerged from the sea. 'Kill the prince and you'll have your tail again and you'll be able to come back to the underwater kingdom,' they advised. She took a 🗡 and went to the room where the newly-weds were sleeping. But she understood that she could not break their happiness. The day after she became sea-foam.

VĀRDNĪCIŅA

admiration – apbrīna
appear – parādīties

beautiful – skaists
believe – ticēt
birthday – dzimšanas diena
bottle – pudele
bottom – dibens

carry – nest
celebrate – svinēt
coast – krasts
cry – raudāt

dagger – nazis
deck – klājs

elixir – eliksīrs
embrace – apskaut
emerge – iznirt

fish – zivs
foam – putas

happy – laimīgs
heart – sirds
help – palīdzēt

immortality – nemirstība

leg – kāja
lightning – zibens
look – skatīties
love – mīlēt

marry – apprecēt
meet – satikt
mermaid – nāra

newly-weds – jaunlaulātie
number – skaitlis

palace – pils
prince – princis

sad – skumjš
sand – smiltis

saviour – glābējs
sea – jūra
sea-foam – jūras putas
shell – gliemežvāks
ship – kuģis
shore – krasts
sink – nogrimt
sip – malks
sister – māsa
speak – runāt
statue – statuja
storm – vētra
surface – virspuse

tail – aste
talk – runāt
tear – asara

unknown – nepazīstams

visit – apciemot
vain – iedomīgs

voice – balss

walk – staigāt
water – ūdens
wave – vilnis
wedding – kāzas
wish – vēlēšanās
witch – ragana
world – pasaule
wreck – vraks

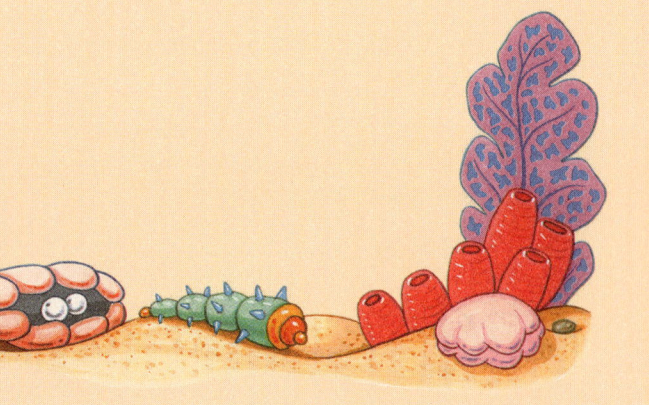

SATURS

Neglītais pīlēns

The Ugly Duckling   5

Īkstīte

Thumbelina   47

Ansītis un Grietiņa

Hansel and Gretel   89

Sniega karaliene

The Snow Queen   131

Mazā nāriņa

The Little Mermaid   173